Pratique de la lecture
NIVEAU INTERMÉDIAIRE 1

Deuxième édition

Muriel Walker

Série dirigée par
Alain Favrod
Department of French Studies, York University

Toronto

Canadian Cataloguing in Publication Data

Walker, Muriel (Muriel Francoise)
   Pratique de la lecture : niveau intermediaire 1

(Serie Ateliers)
2e ed.
ISBN 0-201-65422-9

1. French language – Textbooks for second language learners. * 2. Reading comprehension – Problems, exercises, etc. 3. French language – Composition and exercises. 4. French language – Orthography and spelling – Problems, exercises, etc. 5. College readers –French. I. Title. II Series.

PC2128.W345 2000   448.4'076   C00-930038-4

Copyright © 2000 Pearson Education Canada Inc., Toronto, Ontario

All Rights Reserved. This publication is protected by copyright, and permission should be obtained from the publisher prior to any prohibited reproduction, storage in a retrieval system, or transmission in any form or by any means, electronic, mechanical, photocopying, recording, or likewise. For information regarding permission, write to the Permissions Department.

ISBN 0-201-65422-9

Vice President, Editorial Director: Michael Young
Art Director: Mary Opper
Developmental Editor: Laura Paterson Forbes
Production Editor: Matthew Christian
Copy Editor: Elizabeth d'Anjou
Production Coordinator: Wendy Moran
Cover Design: ArtPlus
Interior Design: Ghislaine de Cotret
Page Layout: Ghislaine de Cotret and Debbie Kumpf

1 2 3 4 5   05 04 03 02 01

Printed and bound in Canada.

Table des matières

	La série *ateliers*	v
	Introduction	vii
un	La famille	1
deux	Les jurés	14
trois	Les parents et les enfants	28
quatre	Les sectes	43
cinq	L'éducation	57
six	La santé et l'environnement	71
sept	Le chômage	86
huit	Le dictionnaire et la langue française	100
neuf	Le Canada multiculturel	113
dix	La peur du sexe	127
	Réponses aux exercices	141

La série ateliers

La série *Ateliers* a pour but de fournir aux étudiant(e)s et aux professeur(e)s de français langue second des «manuels-cahiers» qui ciblent chacun une seule compétence linguistique, et ceci à chaque niveau de l'apprentissage.

Cette série de manuels-cahiers met l'accent sur:

1. **la qualité du contenu**
   - textes contemporains francophones
   - mise en page claire
   - exercices conçus pour faire pratiquer au maximum
   - exercices variés
   - pédagogie adaptée au contexte universitaire

2. **la flexibilité de l'emploi**
   - les manuels-cahiers peuvent former la base d'un cours
   - les manuels-cahiers peuvent compléter un autre livre dans lequel une compétence linquistique n'est pas enseignée
   - les manuels-cahiers peuvent compléter un autre livre où manquent les exercices pratiques
   - les manuels-cahiers peuvent s'utiliser indépendamment pour la révision, le rattrapage ou la préparation aux examens

3. **l'évaluation**
   - de nombreux exercices peuvent se corriger indépendamment à l'aide du corrigé
   - les chapitres comprennent soit des tests soit des exercices d'évaluation

Alain Favrod

Introduction

Pratique de la lecture est un manuel destiné aux étudiant(e)s en faculté du niveau intermédiaire. Le but de cet ouvrage est de permettre à ces étudiant(e)s d'améliorer leurs compétences au niveau de la lecture active et de l'acquisition du vocabulaire.

L'apprentissage se fait au moyen de textes à polémique choisis pour éveiller et retenir l'intérêt des apprenant(e)s. Ces lectures sont accompagnées de toute une gamme d'exercices axés sur le vocabulaire et la compréhension.

Chaque chapitre contient les éléments suivants:

1. *Prise de conscience*, une section de prélecture qui comprend des questions d'ordre général sur le thème du chapitre.

2. *Texte d'introduction*, un court texte servant à préciser le thème du chapitre.

3. *Vocabulaire de base*, une présentation contextualisée du vocabulaire essentiel lié au thème du chapitre.

4. *Stratégie de lecture*, une section qui a pour but de proposer aux étudiant(e)s des habitudes de lecture active.

5. *Exercices sur le vocabulaire*, une série d'exercices sur le vocabulaire de base.

6. *Lecture principale*, un texte plus long et plus détaillé.

7. *Exercices sur la lecture*, une deuxième série d'exercices faisant travailler la compréhension et le vocabulaire du texte principal.

8. *Test*, une épreuve qui à la fois reprend les éléments étudiés dans le chapitre et introduit des exercices basés sur de nouveaux textes exploitant le même thème. Ce dernier élément sert à vérifier le transfert des connaissances et des habitudes acquises tout au long du chapitre.

Finalement, il faut aussi mentionner que tous les thèmes de ce livre sont d'actualité et qu'ils ne manqueront pas d'alimenter la discussion en classe. Chaque sujet apporte du vocabulaire nouveau dont les étudiant(e)s pourront se servir pour soutenir leur argumentation. Tout ceci a pour but d'améliorer la communication à l'oral aussi bien que la compréhension de l'écrit avec des possibilités d'interaction entre les apprenant(e)s.

Remerciements

Je voudrais tout d'abord remercier Alain Favrod qui est à l'origine de ce projet et qui m'a remarquablement bien guidée jusqu'à son aboutissement. Ensuite, il m'incombe de remercier la maison d'édition Pearson Education pour sa soutien et la qualité de sa contribution.

Enfin, je tiens à remercier David Walker qui a pris une part importante dans la correction de ce libre et qui m'a soutenue et encouragée tout au long de sa réalisation.

LA FAMILLE

PRISE DE CONSCIENCE

1. En vous basant sur vos propres observations, pourriez-vous dire si le mariage est toujours à la mode ou s'il est dépassé?
2. Y a-t-il d'autres options que le mariage pour une jeune personne aujourd'hui?
3. Quelle est votre opinion sur le mariage traditionnel (avec mari, femme, enfants)?

TEXTE D'INTRODUCTION

FAMILLE ET VIE DE COUPLE

Le mariage est encore une institution importante. C'est même la <u>clef de voûte</u> du système social. Aujourd'hui les rôles des époux ont évolué, mais les gens ont toujours envie de se marier et d'avoir des enfants.

5 Les enfants sont le <u>noyau</u> de la famille, et c'est pour eux que souvent on sacrifie sa liberté de <u>célibataire</u>. En effet, les familles <u>monoparentales</u> ne sont pas aussi nombreuses qu'on le pense. Souvent les couples restent unis à cause des enfants.

10 Cependant, il ne faut pas oublier que les enfants vivent mal dans un <u>foyer</u> disfonctionnel. Parfois il vaut mieux se séparer plutôt que d'exposer les enfants aux <u>scènes de ménage</u>.

La famille comprend aussi la <u>parenté</u>, qui est sou-
15 vent utile, et dont la présence est rassurante. Quand on se marie et que l'on fonde une nouvelle famille, on agrandit sa propre famille d'origine. Cela crée des liens souvent solides entre les gens.

C'est peut-être ce besoin d'<u>être entouré</u> et la peur
20 de se retrouver seul qui poussent les gens à s'installer en couple et à croire en l'avenir de la famille.

keystone

la base
single person
avec un seul
parent

home

disputes
relatives

to be surrounded (by others)

VOCABULAIRE DE BASE

Pour se marier, on a besoin…

- de son fiancé ou de sa fiancée
- d'un témoin: un garçon ou une demoiselle d'honneur
- d'alliances (*f*)
- d'un certificat de mariage
- d'un trousseau
- d'une robe de mariée
- d'être amoureux

Pour se marier, on peut…

- passer devant le maire, un juge ou tout autre personne habilitée à officialiser les unions
- aller à l'église (*f*), au temple ou tout autre lieu de culte: une synagogue, une mosquée, etc.
- déposer une liste de cadeaux dans un magasin
- faire une réception, un repas de noce
- partir pour une lune de miel, un voyage de noce

Mais pour divorcer, on n'a besoin que d'un avocat et d'un juge.

STRATÉGIE DE LECTURE

LES MOTS APPARENTÉS

De nombreux mots français sont similaires à leur équivalent anglais. Certains de ces mots apparentés sont des termes empruntés à l'autre langue. Par exemple, le mot *restaurant* est un nom français utilisé aussi en anglais, tandis que le mot *campus* est un nom anglais employé en français. D'autres termes partagent une racine commune, tels les mots «govern» et *gouverner*, tous deux provenant du latin *gubernare*.

Dans la première phrase du texte d'introduction — «Le mariage est encore une institution importante.» — les termes *mariage*, *institution* et *importante* se comprennent sans avoir recours au dictionnaire, car ce sont des mots apparentés.

Exercice pratique

Relisez le texte d'introduction et dressez un liste des mots apparentés qui s'y trouvent.

_____

_____

_____

EXERCICES SUR LE VOCABULAIRE

1 Vocabulaire en contexte *(réponses, p. 141)*

Complétez le tableau suivant en utilisant les mots de la liste ci-dessous:

le divorce   se dispute   célibataire   la vie à deux

Quand on est…
- seul(e)
- vieux garçon ou vieille fille
- veuf ou veuve
- divorcé(e)

a. _____

on recherce parfois…
- le mariage
- le concubinage
- la vie de couple

b. _____

mais il arrive que l'on…
- soit en désaccord
- se querelle
- se déchire

c. _____

alors c'est…
- la rupture
- le départ
- la séparation

d. _____.

2 Familles de mots *(réponses, p. 141)*

Complétez le tableau suivant. Consultez le dictionnaire si c'est nécessaire.

	verbes	adjectifs/participes	noms
a.	envier	_____	_____
b.	sacrifier		_____
c.	_____	uni(e)	_____
d.	_____	séparé(e)	_____
e.	lier		_____
f.	_____		entourage
g.	_____		mariage
h.	_____	évolué(e)	_____
i.	créer	_____	_____
j.	_____	_____	amour

un   LA FAMILLE   3

exercice 3 — Synonymes et antonymes *(réponses, p. 141)*

I. Trouvez dans la colonne B les synonymes des termes de la colonne A. Mettez la lettre correspondant à votre choix dans l'espace qui vous est fourni.

A

1. lien _____
2. noyau _____
3. envie _____
4. courbé _____
5. encercler _____

B

a. désir
b. voûté
c. entourer
d. centre
e. attache

II. Trouvez dans la colonne B les antonymes des termes de la colonne A. Mettez la lettre correspondant à votre choix dans l'espace qui vous est fourni.

A

1. amour _____
2. évoluer _____
3. mariage _____
4. réduire _____
5. rappel _____

B

a. agrandir
b. haine
c. oubli
d. divorce
e. régresser

exercice 4 — Sens et contexte *(à faire corriger)*

En vous aidant du dictionnaire, expliquez en français le sens des expressions suivantes.

a. clef de voûte _____

b. noyau de la famille _____

c. famille monoparentale _____

d. foyer disfonctionnel _____

e. scène de ménage _____

exercice 5 — Phrases à pièges *(à faire corriger)*

Corrigez les phrases suivantes pour qu'elles retrouvent un sens logique.

Modèle : La séparation est la meilleure des choses.

⟶ La séparation est la pire des choses.

a. Pour créer des liens, les gens s'évitent.

_____

b. La famille exclut les oncles et les tantes.
_____

c. Quand on a besoin d'être entouré, on recherche la solitude.
_____

d. Les enfants vivent toujours bien dans une famille disfonctionnelle.
_____

exercice 6 Après la lecture (réponses, p. 141)

Dans le texte d'introduction, des mots et expressions ont été soulignés et explicités dans la marge. Certains de ces termes peuvent remplir les espaces vides dans le texte qui suit. À vous de les trouver et d'en comprendre les différents contextes. Faites tout changement grammatical nécessaire.

a. Il faut enlever les _____ des cerises pour réussir cette recette.

b. Le _____ de l'incendie a enfin été maîtrisé.

c. – Notre jardin _____ d'arbustes touffus qui nous protègent des regards indiscrets.

d. Les _____ ne sont pas rares dans un couple, même ceux qui s'entendent à merveille.

LECTURE PRINCIPALE

LA FAMILLE: ENTRE LE MYTHE ET LA RÉALITÉ

Tout le monde vous dira que la famille est en crise, puis, en même temps, on prouvera le contraire: neuf personnes sur dix sont satisfaites de leur vie, de leur conjoint, de leurs enfants. Les couples semblent toujours
5 désireux de s'épouser. C'est la preuve que les médias, les groupes de pression et les gouvernements peuvent faire tout un cinéma et fabriquer une crise avec n'importe quel problème.
   Mais qu'est-ce que la famille aujourd'hui? Deux pa-
10 rents, un seul, trois ou davantage? De sexes différents, ou du même? Avec ou sans enfants? Le sujet n'est pas facile et le ton monte aussitôt. La réalité de maintenant, c'est la famille à la carte.
   Non, la famille ne meurt pas. Elle se porte plutôt
15 bien. Récemment, Statistique Canada a démoli un certain nombre de mythes: l'explosion du nombre de mères célibataires et des divorces, l'effondrement du mariage. Tout cela n'est surtout qu'un «effet média».

simultanément

to make a big deal out of something

plus

on se fâche

collapse

En réalité, 87 % des familles sont dirigées par un couple, et le mariage n'est pas passé de mode. Les phénomènes qui <u>attisent</u> l'angoisse sont davantage américains. *rendent plus vif*

Neuf Canadiens sur dix trouvent leur vie familiale enrichissante. La plupart d'entre eux restent très près de leurs parents et de leurs frères et sœurs, et une proportion importante s'occupe d'un parent. Même le <u>veuvage</u> semble préférable au divorce, dont le <u>taux</u> est relativement stable. *widowhood rate*

Le <u>vacarme</u> médiatique et les propos des politiciens ont convaincu bien des gens que la famille s'effondre. Pourtant, deux personnes sur trois pensent que le foyer «normal» formé de deux parents mariés, et dont l'un s'occupe des enfants à la maison, reste le modèle idéal. Cette situation, de moins en moins fréquente, <u>incarne</u> un rêve de durée et de permanence des liens affectifs, et de division des tâches et des responsabilités. *le grand bruit* *représente*

L'éducation des enfants est au cœur de ce débat. Quand on fait un enfant, il faut assumer son éducation, l'élever le mieux possible, le guider pour qu'il réussisse sa vie. Or les enfants <u>s'épanouissent</u> mal dans un environnement de tension, où les querelles et les scènes de ménage peuvent mener à des troubles psychologiques graves. *se développent*

Il y a un autre mythe, celui de la disparition de la famille dite «étendue», de l'ensemble de la «parenté». Sur qui compte-t-on en cas d'urgence? Sur maman, la belle-mère, les grands-parents, un frère, une tante? La parenté est toujours <u>au premier plan</u> quand il s'agit de loger ces enfants <u>chômeurs</u> qui restent ou reviennent à la maison, de trouver un appartement ou un emploi, d'organiser les vacances. *at the forefront* *sans emploi*

Malgré tout, les pouvoirs publics font peu pour la famille. On peut se demander si, au fond, l'État n'est pas un <u>concurrent</u> de la famille et ne fleurit pas sur ses <u>décombres</u>! Il tient les parents pour des reproducteurs de la race humaine, et se considère, lui, comme l'éducateur. Pourtant, plus la famille va bien, plus les individus seront capables de prendre soin d'eux-mêmes, et moins l'État et ses services d'aide seront nécessaires. *competitor* *les débris*

En réalité, la meilleure politique de la famille est une politique d'emploi, d'accession à la propriété — une politique d'enrichissement, d'élévation du niveau de vie. Plus les gens auront la possibilité de trouver et de conserver un travail, plus la vie sera facile pour la famille.

— *Adapté de «La famille dans tous ses états», de Jean Paré, dans* L'actualité, *juillet 1994.*

EXERCICES SUR LA LECTURE

1 Synonymes

(réponses, p. 141)

Trouvez dans la colonne B les synonymes des termes de la colonne A. Mettez la lettre correspondant à votre choix dans l'espace qui vous est fourni.

A		B
1. conjoint	____	a. vacarme
2. tâche	____	b. décombre
3. s'épanouir	____	c. ton
4. brouhaha	____	d. partenaire
5. loger	____	e. travail
6. taux	____	f. fleurir
7. débris	____	g. abriter
8. timbre	____	h. organiser
9. démolir	____	i. pourcentage
10. planifier	____	j. anéantir

2 Le mot juste

(réponses, p. 141)

Complétez les phrases suivantes avec des mots ou des expressions tirés de la liste qui suit. Faites tout changement grammatical nécessaire.

double	prétendre	porter malheur	étendre	se porter plutôt bien
occuper	trouble	poumon	cœur	prendre soin de soi-même

a. – Je n'ai pas envie de me baigner ce matin car je trouve l'eau de l'étang plus _____ que d'habitude. Serait-elle polluée?

b. – Je vais simplement m'_____ sur la plage en attendant que l'eau redevienne claire.

c. – En général je me _____ et je ne veux pas tomber malade à cause d'une mauvaise baignade.

d. – Lire sur la plage est une _____ que j'affectionne beaucoup de toute façon.

e. – Tu me fais mal au _____ à ne pas vouloir te baigner. Viens donc nous rejoindre!

exercice 3 — Moulin à phrases *(à faire corriger)*

Faites des phrases (d'au moins dix mots) illustrant bien le sens des termes suivants.

a. se lancer dans la vie _____

_____

b. concurrent _____

_____

c. prouver _____

_____

d. il n'y a guère de _____

_____

e. scène de ménage _____

_____

exercice 4 — Après la lecture *(réponses, p. 141)*

Dans la lecture principale, des mots et des expressions ont été soulignés et explicités dans la marge. Certains de ces termes peuvent remplir les espaces vides dans le texte qui suit. À vous de les trouver et d'en comprendre les différents contextes. Faites tout changement grammatical nécessaire.

– Arrête ce _____, je ne m'entends plus penser!

– J'ai adoré ce film du _____ jusqu'au dernier!

– Il s'est complètement _____ en apprenant la mort de son professeur.

– Après le séisme qui a ravagé notre région, il ne restait plus que des _____ de la maison.

exercice 5 — Vrai ou faux? *(réponses, p. 141)*

Indiquez dans l'espace qui vous est fourni si l'énoncé est vrai (V) ou faux (F).

a. La famille est en crise. _____

b. Les Canadiens veulent tous divorcer. _____

c. Il y a moins de mères célibataires qu'on le croit. _____

d. Les enfants souffrent quand les parents se disputent. _____

e. On trouve plus facilement du travail quand on a une famille. _____

exercice 6 **Compréhension** *(à faire corriger)*

Après avoir relu la lecture principale, répondez aux questions suivantes.

a. La famille va-t-elle bien? Expliquez. _____

b. Expliquez ce que veut dire «famille à la carte». _____

c. Que veut dire le journaliste quand il parle d'un «effet média»? _____

d. La plupart des familles sont-elles dirigées par un couple? _____

e. Que pensent les Canadiens de leur famille? _____

f. Qu'est-ce-que «le modèle idéal»? _____

g. Quelles sont les meilleures conditions pour élever des enfants? _____

h. Qui fait partie de la parenté? _____

i. L'État aide-t-il peu ou beaucoup la famille? _____

j. Que devrait faire le gouvernement pour aider la famille? _____

Partie I   Familles de mots   (10 × 0.5 = 5 points)

Complétez le tableau suivant.

verbes	adjectifs/participes	noms
se quereller		a. _____
b. _____	c. _____	liberté
d. _____		époux
e. _____	entouré(e)	f. _____
séparer	g. _____	h. _____
unir		i. _____
j. _____		sacrifice

Partie II   Synonymes   (10 × 0.5 = 5 points)

Trouvez dans la colonne B les synonymes des termes de la colonne A. Mettez la lettre correspondant à votre choix dans l'espace qui vous est fourni.

	A			B
1.	crainte	_____	a.	querelle
2.	éduquer	_____	b.	foyer
3.	grave	_____	c.	reproduire
4.	chicane	_____	d.	peur
5.	débattre	_____	e.	élever
6.	maison	_____	f.	sérieux
7.	concurrent	_____	g.	discuter
8.	répliquer	_____	h.	pouvoir
9.	environs	_____	i.	rival
10.	force	_____	j.	alentours

Partie III   Compréhension   (10 × 2 = 20 points)

En vous basant sur la lecture principale de ce chapitre, choisissez l'élément qui complète le mieux le début de phrase qui vous est donné. Mettez la lettre correspondant à votre choix dans l'espace qui vous est fourni.

_____ 1. D'après le texte, les statistiques montrent…
   a. que l'économie du pays va mal à cause du divorce.
   b. que la plupart des familles se forment autour d'un couple.
   c. que la famille se porte mal.
   d. que l'on se marie plus à l'église.

_____ 2. La plupart des Canadiens…
   a. n'ont pas de famille.
   b. détestent la vie de famille.
   c. ont peur de rester célibataires.
   d. sont satisfaits de leur vie familiale.

_____ 3. Aujourd'hui la majorité des familles sont dirigées par…
   a. des mères célibataires.
   b. des parents du même sexe.
   c. la parenté.
   d. un couple.

_____ 4. La parenté…
   a. est inexistante.
   b. joue un rôle important au sein de la famille.
   c. n'est jamais là quand il le faut.
   d. est toujours un obstacle dans un couple.

_____ 5. Les enfants…
   a. ne sont pas touchés par les problèmes du couple.
   b. réussissent mieux à l'école quand les parents sont divorcés.
   c. quittent la maison de leurs parents très tôt pour travailler.
   d. sont des victimes du divorce.

_____ 6. Les divorcés…
   a. sont plus heureux que les couples mariés.
   b. s'ennuient plus que les autres.
   c. profitent mieux de leur liberté.
   d. n'ont pas d'enfants.

_____ 7. Les politiciens ont convaincu les gens que…
   a. la famille s'écroule.
   b. la famille se porte bien.
   c. la famille ne vote plus.
   d. la famille a besoin de plus de travail.

_____ 8. L'idéal du foyer selon la majorité des gens est…
   a. la famille reconstituée.
   b. la famille monoparentale.

c. deux parents mariés, dont l'un s'occupe des enfants.

d. deux parents séparés qui travaillent.

_____ 9. L'État...

a. ne veut pas prendre le rôle de l'éducateur.

b. donne trop d'argent aux familles qui en ont besoin.

c. donne du travail aux gens qui ont une famille.

d. ne fait pas beaucoup pour la famille.

_____ 10. Ce dont la famille a besoin c'est...

a. plus de divorces.

b. plus d'emploi.

c. moins de travail.

d. moins de parenté.

Partie IV Travaux sur texte

A Mots superflus   (10 × 0.5 = 5 points)

Dans le texte suivant, des mots qui ne sont pas nécessaires ont été rajoutés. Soulignez les dix mots superflus.

LA FAMILLE DE MICHEL RIVARD

Michel Rivard, qui a maintenant 42 ans, était un célibataire marié, sans contraintes ni obligations libres, persuadé qu'il n'aurait jamais de famille parenté. Il tenait vert trop à la vie de bohème. Il la croyait pas indispensable à son statut de créateur. Mais un beau jour tout a changé, et il est passé des barres bars tard le soir aux couchers couches tôt le matin. Bébé Garance, qui n'avait pas encore un an, venait de se glisser dans sa vie, apporté deux par sa nouvelle fiancée. Méfiez-vous du grand mauvais amour séparé.

— *Adapté de «L'album de famille de Michel Rivard»,
de Yanick Villedieu, dans* L'actualité, *juillet 1994.*

B Le mot juste   (10 × 1 = 10 points)

Dans le texte suivant, des espaces ont été laissés vides. Trouvez dans la liste ci-dessous les mots qui peuvent compléter le texte. Faites tout changement grammatical nécessaire.

| religion | égocentrique | artiste | diurne | lutter |
| enfant | évoluer | énergie | travers | sources |

LA FAMILLE DE MICHEL RIVARD (suite)

«J'ai appris à ce moment-là qu'on peut très bien être un (1) _____ , continuer à écrire, à faire de la musique, et aussi avoir des enfants autour de soi. J'ai fait des choix non pas de carrière, mais de méthodologie. Un (2) _____ de deux ans, à 6 heures du matin c'est plein d'(3) _____ . Ou je cherchais à (4) _____ contre ça, ou je m'arrangeais pour en retirer quelque chose. J'ai décidé d'en retirer quelque chose. J'ai appris à fonctionner le matin. Je suis devenu un être (5) _____ . Et moins (6) _____ . Le monde, j'ai cessé de le voir à (7) _____ mes filtres à moi.»

Depuis, Michel Rivard n'a pas arrêté de toucher à cette richesse qu'est la cohabitation avec des enfants. Il les appelle ses (8) _____ d'inspiration et d'apprentissage. Il raconte l'émerveillement de les voir apprendre, (9) _____ , régresser puis tout à coup éclater. Mais il se défend d'en faire une (10) _____ .

C Compréhension de texte   (5 × 1 = 5 points)

Après avoir fait les exercices A et B, vous pouvez reconstituer le texte précédent avec ses deux parties. Répondez alors au questionnaire à choix multiple. Mettez la lettre correspondant à votre choix dans l'espace qui vous est fourni.

_____   1. Il y a quelques années, Michel Rivard était…

   a. malheureux.

   b. amoureux.

   c. sans attaches.

   d. divorcé.

_____   2. Garance est…

   a. sa compagne.

   b. sa mère.

   c. une de ses chansons.

   d. son enfant.

_____   3. Il est…

   a. acteur.

   b. musicien.

   c. mime.

   d. présenteur.

_____   4. Maintenant il…

   a. est redevenu célibataire.

   b. a divorcé.

   c. a adopté des enfants.

   d. a des enfants et vit en couple.

_____   5. Contrairement à sa vie d'avant, il vit plutôt…

   a. la nuit.

   b. le jour.

   c. sur scène.

   d. de façon bohème.

(réponses, p. 141)

Résultat du test
___ × 2 ___
50   100

LES JURÉS

PRISE DE CONSCIENCE

1. Quelle serait votre réaction si vous étiez nommé juré dans un procès aussi important que celui de Paul Bernardo ou d'O.J. Simpson?
2. Préféreriez-vous être juré au Canada ou aux États-Unis? Pourquoi?
3. Pensez-vous que les médias pourraient influencer votre jugement?

TEXTE D'INTRODUCTION

LE MONDE DE LA JUSTICE

Le monde de la justice est fascinant. Tout le monde est intéressé par les <u>procès</u> des gens célèbres qui passent à la télévision. Les <u>feuilletons</u> ou les films qui parlent des procès ont beaucoup de succès.

5 On a besoin de la justice dans la vie de tous les jours. Si on reçoit une <u>contravention</u> pour un stationnement illégal ou pour un excès de vitesse, il arrive parfois que l'on passe au <u>tribunal</u>.

Dans les cas de divorce ou de séparation aussi, on a
10 besoin de <u>l'appareil</u> judiciaire, avec les avocats et les juges.

Pour les problèmes d'héritage, de succession et de propriété, on fait appel au notaire, qui lui aussi fait partie du système de justice.

15 Tous les citoyens ont des droits qui sont protégés par le système judiciaire de leur pays. En tant que citoyen, on a aussi des devoirs envers la justice. On doit respecter la loi et accepter d'être pénalisé si on commet une infraction.

20 On peut aussi être sollicité aider la justice. Par exemple, on peut être nommé <u>juré</u> dans un procès, ou on peut être témoin dans une affaire.

On ne peut pas <u>se soustraire</u> à ces devoirs car cela va contre la loi.

Marginal glosses: trials; serials; soap operas; une amende; le cour; machinery; un membre du jury; échapper à

VOCABULAIRE DE BASE

Le milieu de la justice:

Les lieux — le palais de justice, le barreau, la cour, les assises (*f*), la barre, la salle d'audience, le box des accusés

Les personnages — les juges, les avocat(e)s, les greffiers, l'accusé(e) (coupable, innocent), les procureurs, les témoins, les huissiers

Les actes — instruire une affaire, juger, plaider, prêter serment, condamner, relaxer, faire appel

STRATÉGIE DE LECTURE

LES FAMILLES DE MOTS

La lecture est un moyen sûr d'améliorer votre vocabulaire. Et bien que les mots nouveaux nécessitent souvent l'emploi du dictionnaire, il est parfois possible de deviner le sens d'un terme parce que vous connaissez déjà la signification d'un mot de la même famille. Par exemple, si vous connaissez déjà le sens du verbe français *accuser* à cause du mot apparenté anglais «*to accuse*», le substantif *accusateur* ne devrait pas vous donner de difficulté.

Il faudra néanmoins distinguer entre *l'accusateur* et *l'accusé*. Lequel veut dire «*accused*» et lequel veut dire «*accuser*»? Vos connaissances en anglais et un peu de grammaire devraient vous donner la clé de cet énigme. En effet, *accusé* est aussi la forme du participe passé du verbe *accuser*, et donc signifie «*accused*». Pour ce qui est du suffixe *-ateur* du nom *accusateur*, vous avez l'équivalent anglais «*-ator*», de «*perpetrator*» par exemple. Ce suffixe, en français et en anglais, veut dire «celui ou celle qui fait l'action du verbe». Donc, le nom *accusateur* désigne celui ou celle qui accuse.

Exercice pratique

Donnez un mot de la même famille pour chacun des termes suivants. Ensuite, expliquer le sens de chaque mot.

a. devinette _____

b. emploi _____

c. amélioration _____

d. apparenté _____

EXERCICES SUR LE VOCABULAIRE

exercice 1 **Vocabulaire en contexte** *(réponses, p. 141)*

Complétez le tableau suivant en utilisant les mots de la liste ci-dessous:

    soupçonné   au tribunal   des jurés   un vol

Quand on a commis…
- une infraction
- un crime
- un délit
- une agression
- une viol
- un kidnapping

a. _____

on peut être…
- recherché
- poursuivi
- suspecté
- arrêté
- accusé

b. _____

ce qui amène la plupart du temps…
- au parquet
- à la cour
- au palais de justice
- en jugement

c. _____

où notre sort est entre les mains…
- du juge d'instruction
- du procureur (de la couronne, de la république, etc.)
- des avocats de la défense

d. _____

exercice 2 **Familles de mots** *(réponses, p. 141)*

Complétez le tableau suivant. Consultez le dictionnaire si c'est nécessaire.

	verbes	adjectifs/participes	noms
a.	_____	_____	agression
b.		_____	crime

c. nommer _____ _____
d. _____ suspecté(e) _____
e. _____ sollicité(e) _____
f. _____ héritage
g. juger _____
h. appeler _____
i. _____ témoin
j. coupable _____

3 Synonymes et antonymes *(réponses, p. 141)*

I. Remplacez les termes entre parenthèses par des synonymes.

a. Cette voiture est mal _____ (garée) car elle est devant une bouche à incendie.

b. Hier j'ai reçu une _____ (amende) parce que j'ai dépassé la limite de vitesse sur l'autoroute.

c. On a _____ (relaché) cet homme parce qu'il était innocent.

d. Un _____ (délinquant) est quelqu'un qui ne respecte pas la loi.

e. Ce _____ (série télévisée) a du succès parce qu'il parle des procès de gens célèbres.

II. Pour que chaque phrase soit plus logique, remplacez le mot entre parenthèses par l'un des antonymes de la liste ci-dessous :

souvent   peu connu   illégal   innocent   passionnent

a. Les procès _____ (ennuient) tout le monde.

b. Cet homme sera relâché car il a été reconnu _____ (coupable).

c. Ce procès ne fera pas parler de lui car l'accusé est _____ (célèbre).

d. On a _____ (ne... jamais) besoin de la justice.

e. Quand on fait quelque chose d' _____ (légal), on risque d'aller en prison.

4 Sens et contexte *(à faire corriger)*

En vous aidant du dictionnaire, expliquez en français le sens des expressions suivantes.

a. excès de vitesse _____

b. passer au tribunal _____

c. appareil judiciare _____

d. avoir des devoirs envers la justice _____

e. se soustraire à _____

exercice 5 — D'une langue à l'autre *(réponses, p. 141)*

Retrouvez dans le texte d'introduction la traduction française des mots suivants.

a. *lawyer* _____

b. *witness* _____

c. *duty* _____

d. *trial* _____

e. *appeal* _____

exercice 6 — Après la lecture *(réponses, p. 141)*

Dans le texte d'introduction des mots et des expressions ont été soulignés et explicités dans la marge. Certains de ces termes peuvent remplir les espaces vides dans le texte qui suit. À vous de les retrouver et d'en comprendre les différents contextes. Faites tout changement grammatical nécessaire.

a. Beaucoup d'écrivains ont d'abord publié leurs romans sous forme de _____ dans les journaux et les magazines.

b. Dans les opérations numériques, c'est surtout la _____ qui me pose des problèmes. Je n'aime pas ce qui est négatif.

c. Ma sœur a des problèmes de dentition et elle va devoir porter un _____ dentaire pendant plusieurs années.

d. Je devrais faire un _____ à mon avocat car il m'a ruinée!

LECTURE PRINCIPALE

LES JURÉS

Chaque année, 1 080 Montréalais ont «honneur» de faire partie d'un jury. Pour certains, c'est l'occasion de briser la routine de leur vie, mais pour d'autres, cela peut avoir des conséquences désastreuses, dans leur
5   travail en particulier. La <u>tâche</u> des jurés est dérangeante,   *le travail, le devoir*
déstabilisante et parfois traumatisante.
    Quand ils assistent à un procès, ils doivent rester toute la journée assis dans une salle mal <u>aérée</u>, sans   *ventilated*
avoir le droit de poser des questions. Ils ne peuvent se

déplacer qu'en groupe, accompagnés de deux gardes, et ils sont presque coupés du monde extérieur. Pendant les pauses, ils vont dans une salle vide, appelée la salle des délibérations, petite et mal éclairée. Il n'y a pas de téléphone, rien à lire, seulement un <u>calepin</u> et un crayon chacun. Ils s'ennuient en général très vite, et le temps passe lentement. *un cahier*

Le loi permet à certaines personnes de se soustraire à cette obligation: les membres de certaines professions <u>reliées</u> au système judiciaire, les mères de famille célibataires sans gardienne, les gens de plus de 65 ans, les travailleurs autonomes qui peuvent prouver qu'ils ne peuvent pas quitter leur travail, ou ceux qui ont été jurés au cours des cinq années précédentes. Au début, tout le monde cherche à se faire excuser pour ne pas faire partie du jury. *associated*

Comment pouvez-vous être choisi pour être juré? Le processus de sélection n'est pas <u>valorisant</u>. Vous êtes choisi au hasard, à partir de la liste électorale, et vous vous présentez un lundi matin au <u>palais de justice</u>. Vous ignorez jusqu'à la dernière minute à quel procès on vous destine, et vous attendez pendant des heures que l'on appelle votre nom. Les avocats vous choisissent en fonction de votre <u>allure</u>. Ils vous examinent des pieds à la tête, ce qui est parfois humiliant. Puis on vous donne des ordres secs: «Allez dans cette salle. Prêtez serment. Asseyez-vous là.» *flattering* *law court* *appearance*

C'est souvent au cours des délibérations que les problèmes arrivent. Les jurés sont séquestrés dans une pièce sans fenêtre. Obligés de se prononcer à l'unanimité, ils vivent des heures angoissantes. L'atmosphère devient très vite étouffante. S'il n'y a pas l'unanimité, il y a souvent des <u>affrontements</u>. *les conflits*

Les affaires plaidées devant jury sont toujours graves: meurtres, tentatives de meurtre, agressions sexuelles, <u>trahisons</u>… Les jurés auront leur verdict sur la conscience pendant des années. Ce verdict hante longtemps ceux qui se sont <u>ralliés</u> à la majorité par lassitude ou par résignation. Comme ils sont obligés de garder le secret, ils n'ont même pas le droit de partager leur <u>fardeau</u> avec leur entourage. *treason* *se sont joints* *burden*

Jusqu'à il y a dix ans, on séquestrait assez souvent les jurys, pour les garder à l'abri des journaux, bulletins télévisés, et commentaires qui pourraient les influencer. Aujourd'hui on pense qu'un juré mieux informé peut faire la différence entre les nouvelles médiatiques et ce qu'il entend en cour. C'est aussi pour économiser de l'argent qu'on laisse les jurés rentrer chez eux.

Les jurés ne coûtent pas cher à l'État quand même! Jusqu'en 1969, un juré recevait 10$ par jour, 25$ s'il était séquestré. Aujourd'hui il reçoit 25$ par jour pendant les 10 premiers jours, puis 40$ par jour, non <u>imposables</u>. Mais cela est insuffisant. Le salaire d'un <u>procureur de la couronne</u> est passé, entre 1969 et 1993, de 12 000$ à 60 000$ moyenne. Celui d'un juge est passé de 42 240$ en 1977 à 113 492$ en juillet 1992…

taxable
Crown attorney

Pour les jurés, le problème est de conserver leur travail. La loi interdit à un employeur de congédier ou de pénaliser un employé nommé juré, mais elle ne l'oblige pas à le rémunérer. Les employés <u>syndiqués</u> et ceux des grandes entreprises continuent généralement de toucher leur salaire. Mais dans les petites entreprises, à moins de travailler après les heures d'audience, l'employé qui fait son «devoir de citoyen» doit souvent se contenter des 25$ par jour. On fournit aussi le repas du midi, deux <u>collations</u> et deux billets d'autobus ou le coût de stationnement.

unionized

snacks

Parfois les procès durent plusieurs mois et il arrive que les conséquences en soient dramatiques. Certains jurés perdent leur travail, d'autres qui sont au chômage n'ont pas le temps et la possibilité d'en chercher un nouveau. Il y a des cas vraiment désespérés. Parfois, pour <u>se débarrasser</u> de cette tâche <u>encombrante</u>, les jurés sont tentés d'en finir vite, de se prononcer sur un cas plus rapidement qu'il ne le faudrait.

to get rid of;
difficile

Faire son devoir de citoyen n'est pas une chose facile et il faut en payer le prix. «L'honneur» d'être choisi pour être juré peut se révéler fatal pour votre vie privée et professionnelle. Une seule solution si vous ne voulez pas de cet honneur: ne <u>vous inscrivez</u> plus sur la liste électorale!

vous enregistrez

— Adapté de «Le jurés accusent», de Véronique Robert, dans L'actualité, *février 1994*.

EXERCICES SUR LA LECTURE

1 Synonymes
(réponses, p. 141)

Trouvez dans la colonne B les synonymes des termes de la colonne A. Mettez la lettre correspondant à votre choix dans l'espace qui vous est fourni.

	A			B
1.	éclairer	____	a.	allure
2.	contravention	____	b.	tailler
3.	tentative	____	c.	défendre
4.	sec	____	d.	clarifier
5.	séquestrer	____	e.	amende
6.	couper	____	f.	trahir
7.	soustraire	____	g.	essai
8.	plaider	____	h.	cassant
9.	dénoncer	____	i.	retirer
10.	apparence	____	j.	enfermer

exercice 2 — Le mot juste

(réponses, p. 141)

Complétez les phrases suivantes avec des mots ou des expressions tirés de la liste qui suit. Faites tout changement grammatical necessaire.

| repos | ranger | repas | ennui | déranger |
| avocat | cantaloupe | meurtre | assassin | |

a. – J'aime les romans policiers avec des _____ bien sanglants!

b. – C'est charmant de parler de cela pendant le _____. Tu vas nous couper l'appétit!

c. – Je ne crois pas, considérant la vitesse avec laquelle tu as dévoré ton _____ à la vinaigrette!

d. – Tu m' _____ vraiment beaucoup à présent.

e. – Excuse-moi, j'essaierai de ne plus te _____ pendant ton déjeuner.

exercice 3 — Famille de mots

(réponses, p. 141)

Trouvez le nom correspondant aux verbes suivants. Écrivez votre réponse dans l'espace qui vous est fourni.

a. traumatiser _____   f. destiner _____

b. accompagner _____   g. ignorer _____

c. déplacer _____   h. valoriser _____

d. aérer _____   i. humilier _____

e. prouver _____   j. tenter _____

exercice 4 Moulin à phrases *(à faire corriger)*

Faites des phrases (d'au moins dix mots) illustrant bien le sens des termes suivants.

a. assister à un procès _____

_____

b. au cours de _____

_____

c. à l'unanimité _____

_____

d. jusqu'à il y a dix ans _____

_____

e. au hasard _____

_____

exercice 5 Vrai ou faux? *(réponses, p. 141)*

Indiquez dans l'espace qui vous est fourni si l'énoncé est vrai (V) ou faux (F).

a. Le travail d'un juré est très facile. _____

b. Les jurés sont choisis au hasard à partir
   de la liste électorale. _____

c. Personne ne peut refuser de faire partie d'un jury.
   Il n'y a aucune exception. _____

d. Les affaires qui ont besoin d'un jury sont les
   moins importantes. _____

e. Les jurés gagnent très peu d'argent. _____

exercice 6 Après la lecture *(réponses, p. 142)*

Dans la lecture principale des mots et des expressions ont été soulignés et explicités dans la marge. Certains de ces termes peuvent remplir les espaces vides dans le texte qui suit. À vous de les trouver et d'en comprendre les différents contextes. Faites tout changement grammatical nécessaire.

a. – Cette robe ne te va pas. Elle n'est pas du tout _____!

b. – Merci de ta franchise! Mais je n'ai pas besoin que tu m'_____ ton jugement, je peux très bien m'en passer.

c. – Ne te fâche pas! Je voulais simplement t'aider un peu pour que tu aies une belle _____ pour ton rendez-vous.

d. – Devoir sortir avec un imbécile comme ton frère est déjà un _____ bien lourd; n'y rajoute pas le poids de tes remarques mesquines!

22 PRATIQUE DE LA LECTURE

exercice 7 Compréhension *(à faire corriger)*

Après avoir relu la lecture principale, répondez aux questions suivantes.

a. Quel est le ton de l'auteur quand il dit: «Chaque année, 1 080 Montréalais ont "l'honneur" de faire partie d'un jury»? Expliquez. _____
_____
_____

b. La tâche de juré est-elle vue de façon positive par tout le monde? Donnez des exemples. _____
_____
_____

c. Décrivez la journée d'un juré quand il assiste à un procès. _____
_____
_____

d. Qui peut éviter de faire partie d'un jury? _____
_____
_____

e. Comment peut-on être choisi? _____
_____
_____

f. Qu'est-ce que les jurés sont obligés de faire pour terminer un cas? _____
_____
_____

g. Quel genre d'affaire les jurés doivent-ils juger? _____
_____
_____

h. Pourquoi séquestre-t-on les jurés? _____
_____
_____

i. Combien gagne un juré aujourd'hui? _____
_____
_____

j. Qu'est-ce qui peut arriver à un juré qui travaille, surtout dans une petite entreprise? _____
_____
_____

Partie I   Familles de mots   (10 × 0.5 = 5 points)

Complétez le tableau suivant.

verbes	adjectifs/participes	noms
a. _____		suspect
hériter		b. _____
c. _____	innocent(e)	d. _____
e. _____		témoin
prouver		f. _____
g. _____	légal(e)	h. _____
choisir		i. _____
séquestrer		j. _____

Partie II   Synonymes   (10 × 0.5 = 5 points)

Trouvez dans la colonne B les synonymes des termes de la colonne A. Mettez la lettre correspondant à votre choix dans l'espace qui vous est fourni.

A		B	
1. stationner	_____	a.	prouver
2. résultat	_____	b.	devoir
3. inscrire	_____	c.	ventiler
4. obligation	_____	d.	conséquence
5. démontrer	_____	e.	répertoire
6. litige	_____	f.	valoir
7. aérer	_____	g.	verdict
8. liste	_____	h.	garer
9. coûter	_____	i.	procès
10. sentence	_____	j.	enregistrer

Partie III   Compréhension   (10 × 2 = 20 points)

En vous basant sur la lecture principale de ce chapitre, choisissez l'élément qui complète le mieux le début de phrase qui vous est donné. Mettez la lettre correspondant à votre choix dans l'espace qui vous est fourni.

_____   1. La tâche de juré est…

   a. difficile.

          b. facile.
          c. intéressante financièrement.
          d. sans problème.
_____ 2. Quand ils assistent à un procès, les jurés...
          a. ont beaucoup de liberté.
          b. rencontrent beaucoup de gens intéressants.
          c. trouvent du travail.
          d. se déplacent en groupe et sous surveillance.
_____ 3. Quand ils délibèrent, les jurés restent dans...
          a. un grand salon.
          b. une salle de cinéma.
          c. une pièce inconfortable.
          d. la salle d'audience.
_____ 4. En général les jurés...
          a. s'amusent beaucoup.
          b. s'ennuient très vite.
          c. jouent aux cartes.
          d. lisent des magazines.
_____ 5. Ils sont choisis...
          a. avec beaucoup de soin.
          b. en fonction de leur nom.
          c. en fonction de leur métier.
          d. au hasard.
_____ 6. Les avocats se fient...
          a. à l'apparence des jurés.
          b. au nom des jurés.
          c. au métier des jurés.
          d. aux réponses des jurés.
_____ 7. Pour en finir avec les délibérations, les jurés doivent...
          a. déclarer l'accusé coupable.
          b. déclarer l'accusé innocent.
          c. se prononcer à l'unanimité.
          d. être départagés.
_____ 8. Les affaires plaidées devant un jury sont toujours...
          a. banales.
          b. graves.
          c. célèbres.
          d. longues.

_____ 9. L'argent que gagnent les jurés est...

   a. suffisant pour vivre.

   b. meilleur que leur salaire.

   c. insuffisant.

   d. payé par les avocats.

_____ 10. Une des pires choses qui puissent arriver à un juré est...

   a. d'être accusé à la place du coupable.

   b. de perdre son travail.

   c. de changer de travail.

   d. de travailler à la cour.

Partie IV   Travaux sur texte

A Le mot juste   (10 × 1 = 10 points)

Dans le texte suivant, des espaces ont été laissés vides. Trouvez dans la liste ci-dessous les mots qui peuvent compléter le texte. Faites tout changement grammatical nécessaire.

| témoignage | tribunal | crime | citoyen | heure |
| reconnaître | pénible | procès | fois | juré |

LES TÉMOINS

Les jurés ne sont pas les seuls (1) _____ obligés de faire leur devoir au (2) _____. Il y a aussi les témoins. Les témoins oculaires sont les personnes qui ont assisté à un (3) _____ ou une infraction, qui ont vu comment cela s'est passé et qui peuvent éventuellement (4) _____ les coupables. Leur (5) _____ est très important au cours d'un (6) _____ car il permet de reconstituer les faits, c'est-à-dire de visualiser ce qui est arrivé.

Leur travail est parfois aussi (7) _____ que celui des (8) _____. Dans les procès importants, ils sont rappelés plusieurs (9) _____, et ils attendent souvent des (10) _____ pour s'exprimer cinq minutes.

— *Adapté de «Les jurés accusent», de Véronique Robert, dans L'actualité, février 1994.*

B Mots superflus   (10 × 0.5 = 5 points)

Dans le texte suivant, des mots qui ne sont pas nécessaires ont été rajoutés. Soulignez les dix mots superflus.

LES TÉMOINS (suite)

Les témoins sont aussi payés dollars, mais de façon insatisfaisante: 12 $ par jour. En réalité faux, ils sont payés 20 $ pour 8 heures, plus égal les frais de transport et de repas diététiques. Mais on ne les garde que pour 5 heures, ce qui leur fait mal gagner 12 $ seulement. Parfois les témoins préfèrent dire qu'ils n'ont rien vu pour éviter de perdre du temps perdu pour si peu d'argent. Par contre, pour les affaires moins importantes, ils ne sont appelés au téléphone qu'une fois et ils aiment en général se sentir plus brave guerrier devant un petit délinquant sans importance que devant un grand méchant loup criminel dans une grosse affaire de meurtre. Ce sont des sortes d'antihéros modernes antiquité.

C Compréhension de texte (5 × 1 = 5 points)

Après avoir fait les exercices A et B, vous pouvez reconstituer le texte précédent avec ses deux parties. Répondez alors au questionnaire à choix multiples. Mettez la lettre correspondant à votre choix dans l'espace qui vous est fourni.

_____ 1. Les témoins sont…
   a. choisis dans la liste électorale.
   b. des citoyens qui font leur devoir durant un procès.
   c. des jurés qui ont assisté à un crime.
   d. des criminels.

_____ 2. Les témoins vont au tribunal car…
   a. ils connaissent les jurés.
   b. ils connaissent mieux la loi.
   c. ils ont assisté à un crime.
   d. ils ont commis un crime.

_____ 3. Leur témoignage sert à…
   a. identifier les jurés.
   b. choisir les innocents.
   c. choisir les juges.
   d. reconstituer les circonstances d'un crime.

_____ 4. Leur travail est…
   a. parfois aussi dur que celui des jurés.
   b. sans importance.
   c. intéressant.
   d. inutile.

_____ 5. Leur salaire est…
   a. satisfaisant.
   b. le même que celui des jurés.
   c. le même que celui des juges.
   d. très bas.

(réponses, p. 142)

Résultat du test
___ × 2 ___
50   100

LES PARENTS ET LES ENFANTS

PRISE DE CONSCIENCE

1. En vous basant sur votre propre expérience, pensez-vous que les enfants sont moins influencés par leurs parents que par leurs camarades?
2. Quels conseils suivez-vous le plus souvent: ceux de vos parents ou ceux de vos pairs? Expliquez votre réponse.
3. Quelle est votre opinion sur l'éducation des enfants (discipline, culture, valeurs familiales, etc.)?

TEXTE D'INTRODUCTION

BONHEUR ET MALHEUR DE LA DISCIPLINE

Discipliner ses enfants est une <u>corvée</u> que beaucoup aimeraient éviter. Le temps des châtiments corporels, des <u>fessées déculottées</u>, des oreilles tirées ou des paires de gifles <u>à toute volée</u> est fort heureusement dépassé aujourd'hui. Bien qu'il y ait encore des inconditionnels de la méthode dure, ils sont tout de même en minorité et cela pour le plus grand bien des enfants.

Cependant, le problème de la discipline reste entier: comment doit-on élever ses enfants et les punir si c'est nécessaire? Doit-on, en fait, les punir tout simplement? Les punitions classiques (<u>privé de</u> dessert, de télévision, enfermé dans sa chambre, etc.) ne sont certes pas bien méchantes mais contribuent-elles à rendre les enfants malheureux, voire <u>mal dans leur peau</u>?

En vérité, laisser les enfants vivre sans limites est un acte tout aussi nocif pour leur développement que de les battre ou de leur crier après <u>à tout bout de champ</u>. Les enfants ont besoin de règles pour vivre dans le monde, et ne pas leur apprendre à respecter ces règles les expose au risque d'être très malheureux dans ce monde. Par exemple, il est important d'apprendre aux enfants comment interagir avec leur entourage, parler aux gens, <u>traverser une rue</u>, manger sainement, etc. Pour devenir des adultes sains de corps et d'esprit, les

chore
bare-bottom spankings
avec force

deprived of

uncomfortable with themselves
harmful

à tout moment

to cross a street

enfants ont besoin de bases solides que seule l'éducation de leurs parents, et de l'école, peut leur apporter.
   Et surtout, il faut toujours se souvenir que l'on a été
un enfant soi-même et que si certaines règles nous sem-
blaient dures et injustes auparavant, il en va certainement de même pour notre progéniture.

VOCABULAIRE DE BASE

Dans une famille on peut trouver...
- un père et une mère
- un frère et une soeur
- un grand-père et une grand-mère
- un oncle et une tante
- un cousin et une cousine
- un neveu et une nièce

Mais on peut aussi être...
- orphelin
- abandonné
- délaissé
- rejeté
- confié aux services sociaux

Et dans ce cas on peut être sous la responsabilité...
- d'un tuteur, d'une tutrice
- d'un gardien, d'une gardienne
- d'un assistant ou d'une assistante sociale
- d'une famille d'accueil
- de parents adoptifs

STRATÉGIE DE LECTURE

LA STRUCTURE DES TEXTES

Pour bien comprendre un texte, il est utile d'en dégager sa structure. Il y a bien sûr toujours un titre qui annonce le thème central du texte, ou peut le faire deviner sous forme de jeu de mot ou d'ironie (comme dans le texte d'introduction). Le premier paragraphe est d'habitude une entrée en matière, qui clarifie le sens du titre et qui dévoile souvent la direction que l'auteur va prendre dans son traitement du sujet.

Les paragraphes qui suivent présentent chacun un argument ou un aspect du sujet. Des éléments de transition relient un paragraphe à un autre afin de faciliter la lecture en montrant le développement de la pensée. Ces éléments de transition peuvent être des expressions impersonnelles (*il est clair que, il est exact que*), des conjonctions (*par ailleurs, mais, en effet, puisque*) ou des adverbes (*sans doute, en conclusion, évidemment*).

Chaque argument ou aspect est appuyé par des renseignements supplémentaires tels les exemples, les illustrations ou les citations. Ceux-ci contribuent à développer les idées présentées et fournissent souvent un contexte.

Le dernier paragraphe présente en général une conclusion. Celle-ci peut être une synthèse du texte ou une question ouvrant le débat sur l'irrésolu ou sur un autre aspect du sujet.

Exercice pratique
Relisez le texte d'introduction et faites un schéma de la structure du texte.

EXERCICES SUR LE VOCABULAIRE

1 Vocabulaire en contexte

(*réponses, p. 142*)

Complétez le tableau suivant en utilisant les mots de la liste ci-dessous.

canalisé   étourderies   inexpérimenté   sermonner

Quand on est...
– enfant
– jeune
– petit
a. _____

il arrive que l'on fasse des...
– bêtises
– erreurs
– fautes
b. _____

et on risque de se faire...
– gronder
– disputer
– punir
c. _____

afin d'être...

– rappelé à l'ordre
– remis dans le droit chemin
– corrigé
d. _____.

exercice 2 | Familles de mots

(réponses, p. 142)

Complétez le tableau suivant. Consultez le dictionnaire si c'est nécessaire.

	verbes	adjectifs/participes	noms
a.	discipliner	_____	_____
b.	_____	_____	gifle
c.	_____	dur(e)	_____
d.	élever	_____	_____
e.	_____	privé(e)	_____
f.	_____	_____	punition
g.	_____	méchant(e)	_____
h.	agir		_____
i.	_____	enfermé(e)	
j.	_____	_____	apport

exercice 3 | Synonymes et antonymes

(réponses, p. 142)

I. Trouvez dans la colonne B les synonymes des termes de la colonne A. Mettez la lettre correspondant à votre choix dans l'espace qui vous est fourni.

	A			*B*
1.	châtiment	_____	a.	élever
2.	nécessaire	_____	b.	contribuer
3.	éduquer	_____	c.	indispensable
4.	apporter	_____	d.	corporel
5.	physique	_____	e.	punition

II. Trouvez dans la colonne B les antonymes des termes de la colonne A.

	A			*B*
1.	méchant	_____	a.	dur
2.	punir	_____	b.	nocif
3.	bienfaisant	_____	c.	vérité
4.	mou	_____	d.	gentil
5.	mensonge	_____	e.	récompenser

exercice 4 — Après la lecture *(réponses, p. 142)*

Dans le texte d'introduction des mots et des expressions ont été soulignés et explicités dans la marge. Certains de ces mots peuvent remplir les espaces vides dans le texte qui suit. À vous de les trouver et d'en comprendre les différents contextes. Faites tout changement grammatical nécessaire.

a. On ne peut pas pénétrer dans ce jardin, c'est une propriété _____.

b. Fumer est _____ pour la santé.

c. Je déteste les _____ telles que le nettoyage, le repassage, la vaisselle, etc.

d. – Cesse de te plaindre _____, ça devient énervant à la fin!

exercice 5 — Sens et contexte *(à faire corriger)*

En vous aidant du dictionnaire, expliquez en français le sens des expressions suivantes.

a. éviter d'accomplir _____

b. à toute volée _____

c. à tout bout de champ _____

d. mal dans sa peau _____

e. il en va certainement de même pour _____

exercice 6 — Phrases à pièges *(à faire corriger)*

Corrigez les phrases suivantes pour qu'elles retrouvent un sens logique.

a. Discipliner les enfants est une corvée à éviter absolument. _____

b. Il faut punir les enfants quand ils sont sages. _____

c. Il faut récompenser les enfants quand ils sont méchants. _____

d. Les enfants qui mangent mal deviennent des adultes sains. _____

e. Il faut oublier que l'on a été un enfant soi-même. _____

LECTURE PRINCIPALE

ENTRE PARENTS ET PAIRS: L'ÉDUCATION DES ENFANTS AUJOURD'HUI

En octobre 1998, une bombe a éclaté aux États-Unis sous la forme d'un <u>ouvrage</u> intitulé *The Nurture Assumption*. La télévision et les journaux se sont emparés d'un débat qui a pris d'assaut le monde de la psychologie infantile. Pourquoi cet <u>émoi</u>? *un livre*

agitation

Disant s'appuyer sur de nombreuses recherches, l'auteure, Judith Harris, affirme que les valeurs ou le comportement des parents ont peu ou pas d'influence sur ce que deviennent leurs enfants à l'âge adulte. <u>Rien de moins</u>. Selon cette grand-mère de 60 ans, même si vous vous divorcez trois fois et enfermez vos enfants dans un placard quand ils ne sont pas sages ou, à l'inverse, si vous êtes un parent présent et affectueux, ils iront, plus tard, en prison ou mériteront un prix Nobel si telle était leur destinée!   *nothing less*

D'après Judith Harris, si vos enfants vous ressemblent ce ne sont pas vos méthodes éducatives ou votre exemple qui en sont l'explication. C'est plutôt qu'ils ont hérité de vos gènes, bons ou mauvais. Et leur comportement à l'âge adulte sera essentiellement déterminé par leurs amis. Cela revient à dire que les parents ont plus intérêt à bien choisir l'école et le voisinage de leurs enfants que leur propre méthode d'éducation.

Judith Harris a été inspirée par sa propre expérience: sa fille biologique, qui a toujours été une enfant modèle, tient, évidemment, de ses parents (sous-entendu surtout de sa géniale mère!). Mais sa fille adoptive, ne bénéficiant pas du même bagage génétique, lui a donné beaucoup de fil à retordre. La théorie vous semble un peu simpliste et méchante? Peut-être avez-vous raison, car cette mère à double vitesse n'est ni universitaire, ni psychologue. Elle a même été refusée au programme supérieur de psychologie de l'Université d'Harvard. Cependant ces petits détails académiques ne l'empêchent pas de s'exprimer sur le sujet et d'être soutenue <u>de surcroît</u> par un certain nombre de psychologues, divisant ainsi la profession en deux clans bien distincts: pour ou <u>contre</u> la théorie Harris! *in addition*

against

D'après les amis de Judith, beaucoup de recherches en psychologie ont confondu génétique et facteurs environnementaux. La plupart des enfants issus de «bons» parents, aimants, bien élevés, avec un sens moral, etc., deviennent des adultes aimants, bien élevés, moraux, etc. Selon ce camp, le problème, c'est que les freudiens et les psychologues traditionnels ont toujours présumé qu'on devait attribuer ces résultats à l'exemple parental. Or Judith a mis en évidence le fait que ces psychologues se sont fondés sur des croyances fondamentales, du genre «tout se joue avant trois ans», ne reposant sur aucune preuve empirique valable.

beliefs

Et madame Harris alors? Comment justifie-t-elle ses théories? Elle s'est tout d'abord basée sur sa propre expérience (d'adoption qui a mal tourné), et sur des travaux de recherche universitaires menés sur des jumeaux. Ces études ont montré que des jumeaux identiques élevés dans des milieux différents sont généralement aussi semblables sur le plan psychologique que des jumeaux élevés ensemble (cette théorie a servi également pour le script du film *The Parent Trap*). Ce que Judith Harris en déduit c'est que la seule chose que les parents peuvent transmettre à leurs enfants, c'est leurs gènes. Ainsi, presque tous les traits de caractères, les aptitudes et même les intérêts sont attribuables à des variations génétiques dans une proportion de 20 % à 70 %.

did not work out well

Pour appuyer son propos, Judith Harris cite l'exemple des enfants adoptés, lesquels, d'après elle, sont les fruits pourris de la mauvaise graine de leurs parents qui, en les abandonnant, ont fait preuve de leur propres faiblesses génétiques.

L'idée que ces mêmes enfants aient pu subir des sévices physiques et moraux précoces aboutissant à des traumatismes profonds est écartée car, selon Judith Harris et ses adeptes, il y a beaucoup d'exemples d'enfants abusés qui sont devenus des adultes très sains. Cependant, si on applique la théorie Harris, ces mêmes enfants ont bien dû être abusés par leurs parents, en tout cas dans la majorité des cas. Or, comment des parents abuseurs pourraient-ils engendrer des enfants plus sains qu'eux, toujours du point de vue Harris? On voit déjà que cette théorie a des failles, car qui croira que si l'on bat et séquestre un enfant (ou pire!) celui-ci réussira quand même sa vie si telle était sa destinée génétique?

abuse

flaws

Mais Judith Harris a encore une carte dans sa manche, et pas des moindres: l'influence des pairs. D'après elle, c'est bel et bien l'influence de leurs camarades qui détermine le comportement des enfants. Elle rappelle que nos ancêtres vivaient au sein de familles élargies où les enfants étaient essentiellement socialisés par d'autres enfants, et que donc même aujourd'hui, leur instinct leur dicte de se comporter comme les jeunes de leur âge, d'admirer ceux un peu plus âgés et de les imiter. Pour illustrer son propos, elle cite le cas des enfants d'immigrants qui parlent le vietnamien ou le polonais à la maison, mais qui se dépêchent d'apprendre la langue, les valeurs et les coutumes des jeunes de leur quartier.

Inutile de dire que seulement une minorité de psychologues soutiennent les idées de Judith Harris et que son livre a fait pour beaucoup l'effet d'un canular de mauvais goût. C'est ce qu'a pensé la pédopsychiatre Patricia Garel, qui enseigne la pédopsychiatrie à l'hôpital Sainte-Justine à Montréal.

blague

Patricia Garel juge le travail de Judith Harris peu fiable et surtout sans méthodologie scientifique solide. Selon elle, Judith Harris a une pensée très linéaire et tire des conclusions arbitraires en se basant principalement sur sa propre expérience, ce qui rend son étude trop subjective.

reliable

Pour Garel, comme pour une majorité de spécialistes de la santé mentale des enfants, les parents restent au premier plan au niveau de l'éducation. Ils sont là pour accompagner et aider leurs enfants à mettre en valeur ce qu'ils sont. Sans éducation adéquate, le patrimoine génétique, bon ou mauvais, ne se développe pas.

to enhance

En ce qui concerne les mauvais traitements infligés aux enfants, Patricia Garel s'insurge. Elle trouve l'attitude de Judith Harris complètement irrationnelle et même dangereuse. Battre un enfant est un acte criminel dont les répercussions sur sa vie d'adulte sont des faits scientifiquement établis et les déclarations d'Harris sur ce sujet semblent malheureusement déculpabiliser les parents maltraitants.

Contrairement à ce que dit Mme Harris, le bagage génétique n'est pas statique et des découvertes récentes montrent que les gènes sont modifiés par l'environnement. Par exemple, certaines recherches ont établi que les parents avaient le pouvoir de donner confiance en soi à des enfants très timides de nature.

En ce qui concerne l'environnement dans lequel l'enfant grandit, c'est surtout grâce à l'attachement et au sentiment d'appartenance développé par les parents que les enfants peuvent entrer en relation avec d'autres et se faire des amis. Ces pairs dont parle Judith Harris ne débarquent pas dans la vie de l'enfant par hasard, et les parents restent à l'origine de tout contact social de leurs enfants.

surviennent

En bref, le livre de Judith Harris alimente le débat sur l'éducation des enfants et aujourd'hui on se demande sérieusement: qui compte dans la vie de nos enfants?

— *Adapté de «Les parents ne comptent pas» de Véronique Robert, Châtelaine, février 1999.*

EXERCICES SUR LA LECTURE

1 Synonymes
(réponses, p. 142)

Trouvez dans la colonne B les synonymes des termes de la colonne A. Mettez la lettre correspondant à votre choix dans l'espace qui vous est fourni.

A		B
1. s'emparer	____	a. affirmer
2. canular	____	b. comportement
3. sage	____	c. voisinage
4. attitude	____	d. identique
5. déclarer	____	e. blague
6. sévices	____	f. tranquille
7. entourage	____	g. prendre
8. séquestrer	____	h. camarade
9. semblable	____	i. abus
10. ami	____	j. enfermer

2 Le mot juste
(réponses, p. 142)

Complétez les phrases suivantes avec des mots ou des expressions choisis de la liste qui suit. Faites tout changement grammatical necessaire.

ralentir	adopter	se dépêcher	mettre en évidence
empêcher	remettre	pêcher	revenir à dire
mériter	guider	élever	retourner la situation

a. Ne pas tenir compte des mauvais traitements infligés aux enfants _____ que les parents qui abusent leurs enfants ne sont pas coupables de ce qui est en vérité un crime.

b. Dans une argumentation il est parfois nécessaire d'utiliser un exemple concret pour _____ un point particulier.

c. Quand on ne peut pas avoir d'enfants, on peut toujours essayer d'en _____ .

d. Quand j'étais petite, on me disait que les enfants désobéissants ne _____ pas de dessert.

e. Il faut _____ de partir si on ne veut pas rater notre train.

f. Cette barrière _____ de passer de l'autre côté de la route.

exercice 3 — Moulin à phrases *(à faire corriger)*

Faites des phrases (d'au moins dix mots) illustrant bien le sens des termes suivants.

a. réussir sa vie _____

b. une carte dans sa manche _____

c. au sein de _____

d. en ce qui concerne _____

e. débarquer _____

exercice 4 — Après la lecture *(réponses, p. 142)*

Dans la lecture principale il y a des mots et des expressions qui ont été soulignés et explicités dans la marge. Certains peuvent remplacer les espaces vides dans le texte qui suit. À vous de chercher ces mots et d'en comprendre les différents contextes. Faites tout changement grammatical nécessaire.

a. Autrefois, les femmes étaient censées rester à la maison avec pour tout loisir leurs divers _____ de couture ou de broderie. Heureusement les temps ont changé!

b. Dans le monde il y a en réalité des milliers de _____ et de superstitions qui défient encore la raison scientifique.

c. – Ce collier _____ le vert de tes yeux!

d. Les Américains ont _____ en Normandie le 6 juin 1944.

e. Une _____ est une fracture de l'écorce terrestre.

exercice 5 — Vrai ou faux? *(réponses, p. 142)*

Indiquez dans l'espace qui vous est fourni si l'énoncé est vrai (V) ou faux (F).

a. Judith Harris est une psychiatre renommée. ____

b. Les jumeaux identiques élévés séparément restent semblables. ____

c. Les théories de Judith Harris ne font pas l'unanimité chez les psychologues pour enfants. ____

d. Judith Harris déclare qu'il faut battre les enfants pour les faire obéir. ____

e. Patricia Garel partage les idées de Judith Harris. ____

exercice 6 — Compréhension *(à faire corriger)*

Après avoir relu la lecture principale, répondez aux questions suivantes. Expliquez vos réponses.

a. Comment le livre de Judith Harris a-t-il été perçu à sa sortie? _____

b. D'où viennent les idées de Judith Harris? _____

c. Selon Judith Harris, quel est le rôle des pairs dans l'éducation des enfants? _____

d. Quel est le rôle des parents? _____

e. Tout le monde partage-t-il les théories de Judith Harris? _____

f. Que pense Patricia Garel de la méthodologie de Judith Harris? _____

g. D'après Patricia Garel, qui est le plus important: les parents ou les camarades? _____

h. Les châtiments corporels sont-ils insignifiants dans le développement des enfants? _____

i. Pourquoi Patricia Garel qualifie-t-elle de «dangereuse» les théories de Judith Harris sur les abus physiques? _____

j. Selon Patricia Garel, les parents peuvent-ils modifier l'héritage génétique de leurs enfants? Donnez un exemple. _____

Partie I Famille de mots (10 × 0.5 = 5 points)

Complétez le tableau suivant.

verbes	adjectifs/participes	noms
choisir		a. _____
b. _____	inspiré(e)	c. _____
refuser	refusé(e)	d. _____
e. _____	f. _____	identité
	g. _____	faiblesse
h. _____		goût
	illustré(e)	i. _____

Partie II Synonymes (10 × 0.5 = 5 points)

Trouvez dans la colonne B les synonymes des termes de la colonne A. Mettez la lettre correspondant à votre choix dans l'espace qui vous est fourni.

A		B
1. comportement	____	a. enfermer
2. inverse	____	b. déterminer
3. méchant	____	c. partager
4. séquestrer	____	d. demeurer
5. diviser	____	e. abandonner
6. faille	____	f. camarade
7. définir	____	g. attitude
8. laisser	____	h. mauvais
9. ami	____	i. faiblesse
10. rester	____	j. opposé

Partie III Compréhension (10 × 2 = 20 points)

En vous basant sur la lecture principale de ce chapitre, choisissez l'élément qui complète le mieux le début de phrase qui vous est donné. Mettez la lettre correspondant à votre choix dans l'espace qui vous est fourni.

_____ 1. Judith Harris est...

    a. une psychiatre.

    b. une psychologue.

trois LES PARENTS ET LES ENFANTS **39**

      c. une autodidacte.

      d. une mère célibataire.

_____ 2. Judith Harris a écrit un livre...

      a. de psychologie infantile.

      b. de psychiatrie clinique.

      c. de psychothérapie.

      d. de psychanalyse.

_____ 3. Dans ce livre elle affirme que...

      a. les enfants ont besoin d'être battus.

      b. les enfants ne sont pas influencés par leurs parents.

      c. les enfants ressemblent à leurs amis.

      d. les enfants ressemblent à leurs parents.

_____ 4. D'après elle, l'éducation des enfants est...

      a. très importante.

      b. secondaire.

      c. influencée par les médias.

      d. influencée par les parents.

_____ 5. Car pour elle ce qui compte le plus c'est....

      a. le patrimoine génétique des pairs.

      b. l'influence des parents.

      c. le patrimoine génétique hérité des parents.

      d. le patrimoine hérité des pairs.

_____ 6. Pour appuyer ses affirmations elle se base sur...

      a. son expérience de mère de jumeaux.

      b. son expérience de mère adoptante.

      c. son expérience de fille adoptive.

      d. son expérience de sœur jumelle.

_____ 7. D'après elle, les enfants adoptés sont voués à l'échec car ils...

      a. ressemblent à leurs parents biologiques.

      b. ressemblent à leurs parents adoptifs.

      c. ressemblent à leurs pairs.

      d. ne ressemblent à personne.

_____ 8. L'influence des pairs c'est...

      a. la ressemblance physique avec ses camarades.

      b. la ressemblance avec ses parents.

      c. la ressemblance de comportement entre camarades.

      d. la ressemblance de comportement entre frère et soeur.

_____ 9. La théorie de Judith Harris...

      a. plaît à tout le monde.

      b. déplaît à tout le monde.

c. plaît à Patricia Garel.

d. ne plaît pas à tout le monde.

10. Contrairement à la théorie de Judith Harris, Patricia Garel affirme que les parents...

a. jouent un rôle primordial dans le développement des enfants.

b. ne jouent aucun rôle dans le développement des enfants.

c. jouent un rôle mineur dans le développement des enfants.

d. jouent un rôle dans le développement des pairs.

Partie IV   Travaux sur texte   *(10 × 0.5 = 5 points)*

A Mots superflus

Dans le texte suivant, des mots qui ne sont pas nécessaires ont été rajoutés. Soulignez les dix mots superflus.

AMITIÉS

Les amis sont une partie importante négligeable de notre enfance et même de notre vie d'adulte. Les amis d'enfance, ceux qui ont partagé nos peines et nos joies, restent à toujours jamais dans notre souvenir.

Parfois il est difficile de se faire des amis. Par exemple, quelqu'un de timide insolent n'osera pas aborder assaillir les autres de peur de se faire rejeter poubelle. Le manque de compagnon campagne se fait alors cruellement ressentir car la solitude foule est difficile à supporter.

L'enfant timide s'enferme malgré lui dans un cercle carré vicieux qui l'isole des autres et l'aliène lien peu à peu. Le besoin pressant de se confier, de tout partager bonbon avec un camarade, d'être soutenu et écouté, sont des expériences nécessaires au développement de l'être humain.

B Le mot juste   *(10 × 1 = 10 points)*

Dans le texte suivant, des espaces ont été laissés vides. Trouvez dans la liste ci-dessous les mots qui peuvent compléter le texte. Faites tout changement grammatical nécessaire.

| entretenir | durer | décliner | voyage | fréquenter |
| brouiller | voisinage | cher | date | lier |

AMITIÉS (suite)

L'amitié se (1)_____ sur plusieurs degrés: il y a les amis d'enfance, les plus (2)_____ et les plus proches et qui deviennent souvent les meilleurs amis, les amis fidèles et sincères. Parfois on se (3)_____ d'amitié avec des gens de passage, comme par exemple en vacances, ou lors de (4)_____. Ces amitiés passagères peuvent néanmoins (5)_____ et se transformer en amitié de longue (6)_____, où les amis correspondent entre eux et ne perdent jamais le contact. On se fait aussi des amis sur son lieu de travail, dans les sports et les loisirs que l'on partage, dans le (7)_____, etc.

Mais l'amitié doit être (8)_____ pour ne pas s'éteindre. Les amis se doivent respect et fidélité tout comme les couples mariés, à un autre niveau cependant. Parfois, lors de disputes ou de différence d'opinion, il arrive que des amis de toujours se (9)_____ et se séparent. La rivalité, la jalousie, la trahison, le manque de soutien, et beaucoup d'autres choses encore peuvent conduire à une situation de rupture où les amis ne se parlent plus, ne se (10)_____ plus, et même parfois se détestent.

C'est alors qu'il faut être prudent car les meilleurs amis deviennent souvent les pires ennemis.

C Compréhension de texte (5 × 1 = 5 points)

Après avoir fait les exercices A et B, vous pouvez reconstituer le texte précédent avec ses deux parties. Répondez alors au questionnaire à choix multiples. Mettez la lettre correspondant à votre choix dans l'espace qui vous est fourni.

____ 1. Les amis sont...
   a. toujours des amis d'enfance.
   b. des personnes qui partagent notre vie.
   c. des personnes qui nous éduquent.
   d. toujours des amis de vacances.

____ 2. Pour se faire des amis il faut...
   a. être timide.
   b. être un enfant.
   c. être un adulte.
   d. aller vers les autres.

____ 3. Pour ne pas perdre un ami de vue on peut...
   a. correspondre avec lui.
   b. le rencontrer en vacances.
   c. le rencontrer sur son lieu de travail.
   d. se disputer avec lui.

____ 4. Pour rester ami on a intérêt à...
   a. entretenir un feu.
   b. entretenir sa maison.
   c. entretenir des relations saines.
   d. entretenir des rancunes.

____ 5. Quand on se dispute avec ses amis on risque...
   a. de se faire des amis.
   b. de se faire des collègues de travail.
   c. de se faire du souci pour rien.
   d. de se faire des ennemis.

(réponses, p. 142)

Résultat du test
___ × 2 ___
50   100

quatre

LES SECTES

PRISE DE CONSCIENCE

1. Connaissez-vous des sectes? Lesquelles?
2. Les trouvez-vous dangereuses?
3. Pourquoi, à votre avis, ont-elles tant de succès?

TEXTE D'INTRODUCTION

LE DANGER DES SECTES

Les sectes menacent notre société. Elles sont partout et elles s'attaquent à tout le monde. Une secte est un groupe dirigé en général par un gourou qui recrute de nouveaux <u>adeptes</u> pour faire partie de son culte. — les membres

5   En général, une secte cherche à <u>tirer profit</u> de ses membres, qui se font exploiter financièrement et psychologiquement. Les gens qui se laissent <u>entraîner</u> dans une secte sont souvent dépressifs. — profiter / to drag

Parfois c'est après une rupture sentimentale ou un
10   choc émotionnel que des hommes et des femmes deviennent vulnérables. Ils sont alors les victimes préférées des sectes qui savent toujours reconnaître les <u>désespérés</u>. — sans espoir

Au début, quand on est dépressif, on se sent abandonné de tous, et la secte semble être le seul endroit où
15   l'on est accepté et compris. On se sent mieux avec cette «nouvelle famille» et on reprend espoir.

Il y a aussi l'aspect mystique qui <u>attire</u> chez les sectes. On est fasciné par le gourou, qui semble être quelqu'un de vraiment spécial, même divin. On croit — attract
20   que c'est lui qui a toujours raison et que la secte est la seule à dire la vérité sur le monde. Parfois même, le gourou prétend avoir des pouvoirs de guérisseur et on reste avec lui pour être soigné.

Mais tout cela n'est que du charlatanisme qui peut
25   devenir dangereux. Le pouvoir des sectes <u>ne</u> repose <u>que</u> sur leur influence auprès des gens affaiblis. Les sectes ne sont jamais la solution à leurs problèmes, et elles causent souvent leur ruine. — only

VOCABULAIRE DE BASE

Les qualités nécessaires pour être un gourou, un dirigeant, un chef spirituel sont le charisme, la crédibilité, le pouvoir de persuasion, l'autorité (*f*), le charme, la séduction, le pouvoir de décision, une forte personnalité, l'éloquence (*f*), l'ambition (*f*).

Un gourou est convaincant, manipulateur, autoritaire, éloquent, ambitieux.

STRATÉGIE DE LECTURE

LES IDÉES-CLÉS D'UN TEXTE

Dans le texte d'introduction ci-dessus, le titre — «Le danger des sectes» — et la première phrase — «Les sectes menacent notre société.» — dévoilent tout de suite le thème de la lecture et le parti pris de l'auteur.

En effet, le titre et le premier paragraphe d'un article de presse révèlent d'habitude le thème principal du texte et la position adoptée. Parfois la présentation du sujet est impartiale et l'auteur s'efforce de développer le pour et le contre d'une question. Par ailleurs, il y a des écrits informatifs qui ne présentent que des faits et ne reflètent donc aucun parti pris.

Après l'introduction de l'idée principale dans le titre, le sous-titre (un élément qui se trouve assez couramment dans les journaux et les magazines) et le premier paragraphe, on peut généralement déceler les autres idées-clés d'un texte en résumant chaque paragraphe. Dans le texte d'introduction ci-dessus, on pourrait résumer le deuxième paragraphe ainsi: «Les sectes exploitent leurs members financièrement et psychologiquement.»

Finalement, le dernier paragraphe d'un texte présente en principe une conclusion (synthèse ou bilan), qui est bien sûr une autre idée-clé à retenir.

Exercice pratique

Afin de comprendre les autres idées-clés du texte d'introduction, résumez les 3ᵉ, 4ᵉ et 5ᵉ paragraphes ainsi que la conclusion.

3ᵉ paragraphe: _____

_____

4ᵉ paragraphe: _____

_____

5ᵉ paragraphe: _____

_____

Conclusion: _____

_____

EXERCICES SUR LE VOCABULAIRE

1 Vocabulaire en contexte (réponses, p. 142)

Complétez le tableau suivant en utilisant les mots de la liste ci-dessous:

exploiter   recrutent   disciples   les sectes

Les mouvements spirituels tels que…
- les cultes
- les nouvelles religions
- les groupes de prière
- les communautés
- les clubs
- les cercles secrets

a._____

sont souvent dangereux quand ils…
- entraînent
- embrigadent
- embobinent

b._____

de nouveaux…
- membres
- adeptes
- fidèles
- serviteurs

c._____

pour les…
- tromper
- berner
- voler
- dépouiller
- déposséder de leurs biens

d._____ .

2 Synonymes et antonymes (réponses, p. 142)

I. Trouvez dans la colonne B les synonymes des termes de la colonne A. Mettez la lettre correspondant à votre choix dans l'espace qui vous est fourni.

	A			B
1.	guérir	____	a.	maître spirituel
2.	voler	____	b.	berner
3.	gourou	____	c.	adepte
4.	reprendre	____	d.	soigner
5.	tromper	____	e.	dérober
6.	entraîner	____	f.	ruine
7.	disciple	____	g.	tirer
8.	vestige	____	h.	récupérer

II. Trouvez dans la colonne B les antonymes des termes de la colonne A. Mettez la lettre correspondant à votre choix dans l'espace qui vous est fourni.

	A			B
1.	attirer	____	a.	crédule
2.	partout	____	b.	vérité
3.	faible	____	c.	repousser
4.	mensonge	____	d.	nulle part
5.	resserrer	____	e.	fort
6.	sceptique	____	f.	profit
7.	rupture	____	g.	desserrer
8.	perte	____	h.	réconciliation

exercice 3 Familles de mots

(réponses, p.142)

Complétez le tableau suivant. Consultez le dictionnaire si c'est nécessaire.

	verbes	adjectifs/participes	noms
a.	menacer	_____	_____
b.	_____	déprimé(e)	_____
c.	reconnaître	_____	_____
d.	_____	_____	abandon
e.	_____		espoir/espérance
f.	_____	divin(e)	_____
g.	raisonner	_____	_____
h.	_____	guéri(e)	_____
i.	ruiner	_____	_____
j.	tromper	_____	_____

exercice 4 — D'une langue à l'autre *(réponses, p. 142)*

Retrouvez dans le texte d'introduction la traduction française des expressions suivantes.

a. *to feel better* _____

b. *to become hopeful again* _____

c. *to be always right* _____

d. *to profit from* _____

e. *to tell the truth* _____

exercice 5 — Le mot juste *(réponses, p. 142)*

Dans le texte d'introduction, des mots et des expressions ont été soulignés et explicités dans la marge. Certains de ces termes peuvent remplir les espaces vides dans le texte qui suit. À vous de les trouver et d'en comprendre les différents contextes. Faites tout changement grammatical nécessaire.

a. – Ce sport m'_____ beaucoup. J'ai envie de m'y inscrire.

b. – Tu sais, il faut s'_____ énormément et tu n'as pas beaucoup de temps libre.

c. – Ton pessimisme est _____ !

d. – Non, je _____ suis _____ réaliste !

exercice 6 — Sens et contexte *(à faire corriger)*

En vous aidant du dictionnaire, expliquez en français le sens des mots suivants.

a. charlatan _____

b. guérisseur _____

c. gourou _____

d. charisme _____

e. crédibilité _____

LECTURE PRINCIPALE

L'INVASION DES SECTES

La vieille Europe, terre des Lumières et de la raison, se croyait <u>à l'abri</u> des sectes, mais c'est faux. On croyait que les tragédies liées aux sectes n'arrivaient qu'aux

protégée de

États-Unis. Mais en France, on assiste à des drames. Il faut le reconnaître: les sectes envahissent l'Europe.

    Selon l'Union Nationale des Associations de défense des familles et de l'individu (UN-Adfi), plus de 200 sectes exercent leurs activités en France. Cette association ne prend en compte que les groupes d'au moins 50 membres. Les groupuscules, bien plus difficiles à compter, sont également très nombreux. Il y a à peu près 2 000 mouvements, réunissant, le plus souvent, de 5 à 20 adeptes. Au total, le phénomène fait près d'un million de victimes. Les sectes déploient leurs tentacules sur l'ensemble du territoire, avec une prédilection pour le Sud et les grandes villes.

    Il ne s'agit parfois que de filiales de «multinationales» qui cherchent l'anonymat. Dissimulées derrière une façade plus discrète, ces succursales recrutent tranquillement pour la maison mère. D'autres groupes viennent des religions dominantes, après avoir fait scission. Parfois encore, il s'agit de «petits artisans», installés à leur compte pour faire plus de profit. Ce sont peut-être les plus dangereux.

    Le principe des sectes est simple: l'emprise du gourou est plus forte quand il y a peu de fidèles. Une vingtaine de disciples sont plus faciles à manipuler qu'une centaine. Le gourou fascine ses adeptes: un pouvoir de guérisseur, une vague philosophie et une personnalité charismatique.

    Les sectes ont le sens de l'accueil. Elles ont l'air rassurantes, elles réconfortent, écoutent, s'intéressent au candidat virtuel. Les gens se sentent mieux, compris, acceptés dans une «famille».

    Un des trois thèmes suivants se retrouve, en général, dans tous ces mouvements:
    1. La présence d'un messie. Il a vu ou a parlé à Dieu. Sinon il vient d'une autre planète.
    2. L'annonce de l'Apocalypse. Elle renforce la cohésion du groupe, composé des purs, les seuls rescapés du cataclysme, et implique tout naturellement l'abandon des biens matériels.
    3. Toutes les idées liées au «nouvel âge».

    Cela ne suffit pas pour définir complètement une secte. Il manque l'essentiel: une bonne dose de paranoïa. Pour être crédible, la secte doit être opprimée par un monde extérieur qui ne la comprend pas. Cela resserre encore les liens autour du maître et justifie, au nom de la cause, les actes de violence. Très vite, cela devient du totalitarisme.

    Lutter contre ces mouvements est très difficile. Les législations européennes sont impuissantes. La plupart

55 des gourous savent éviter l'<u>escroquerie</u>, selon sa défini-   la fraude
tion pénale, et ils ne font qu'accepter des dons ou
vendre leurs produits. Ce n'est que de la charité ou du
business, et on ne peut pas interdire ça.

    Cela n'empêche pas les affaires de prospérer. Les
60 sectes s'enrichissent avec la crise économique. Les problèmes économiques rendent les gens plus vulnérables,
moins sûrs de leur identité. Les églises officielles ne
savent plus <u>soigner</u> ce genre de mal à l'âme. En plus il y   guérir
a la proximité de l'an 2000, la fin du millénium. Cela
rend crédible les thèses apocalyptiques. La peur de
65 l'avenir, l'incertitude, le besoin de mysticisme, tout cela
est exploité par les sectes, et cela menace chacun de
nous.

— Adapté de «Le sectes: pourquoi elles envahissent l'Europe»,
de Christophe Agnus, dans L'Express, *20 octobre 1994.*

EXERCICES SUR LA LECTURE

1 Synonymes (réponses, p. 142)

Trouvez dans la colonne B les synonymes des termes de la colonne A. Mettez la lettre correspondant à votre choix dans l'espace qui vous est fourni.

A		B
1. manipuler	____	a. emprise
2. fraude	____	b. refuge
3. lutter	____	c. assister
4. flou	____	d. manier
5. abri	____	e. déployer
6. fidèle	____	f. combattre
7. don	____	g. escroquerie
8. étendre	____	h. vague
9. mainmise	____	i. dévoué
10. aider	____	j. offrande

exercice 2 — Le mot juste *(réponses, p. 142)*

Complétez les phrases suivantes avec des mots ou des expressions choisis de la liste qui suit. Faites tout changement grammatical nécessaire.

gants   vague   gens   facette   principe   fascine   façade

a. – L'église de scientologie me _____. En plus Tom Cruise en fait partie!

b. – Celui-là, il ferait mieux de surfer sur des _____ californiennes et s'abstenir de parler en public.

c. – Mais la scientologie se base sur des _____ scientifiques, n'est-ce pas?

d. – Non, elle se base sur la naïveté des _____ comme toi.

e. Ne te rends-tu pas compte que les sectes recrutent toutes ces célébrités uniquement pour présenter une _____ respectable qui sert de vitrine pour allécher de nouveaux adeptes!

exercice 3 — Moulin à phrases *(à faire corriger)*

Faites des phrases (d'au moins dix mots) illustrant bien le sens des termes suivants.

a. dissimulé _____

b. tranquillement _____

c. renforcer _____

d. impliquer _____

exercice 4 — Après la lecture *(réponses, p. 142)*

Dans la lecture principale des mots et des expressions ont été soulignés et explicités dans la marge. Certains de ces termes peuvent remplir les espaces vides dans le texte qui suit. À vous de les trouver et d'en comprendre les différents contextes. Faites tout changement grammatical nécessaire.

a. – Où se trouve le rayon des chaussures, s'il vous plaît?

b. – Je ne sais pas, il faut vous renseigner au bureau d' _____ qui est au rez-de-chaussée.

c. – Vous voulez parler de ce petit comptoir _____ derrière la porte d'entrée?

d. – Vous devriez-vous _____ pour vendre vos propres chaussures et comme ça vous n'auriez plus de problèmes pour en trouver.

e. – Je dois dire que je ne peux pas résister à une belle paire de chaussures! Je suis _____!

exercice 5 — Phrases à pièges
(à faire corriger)

Corrigez les phrases suivantes pour qu'elles retrouvent un sens logique.

a. Quand on exerce une activité, on est au chômage. _____

b. Si l'on est à son compte, on travaille pour quelqu'un. _____

c. Quand on a de l'emprise, on est sans influence. _____

d. Si l'on fait du profit, on perd de l'argent. _____

exercice 6 — Vrai ou faux?
(réponses, p. 142)

Indiquez dans l'espace qui vous est fourni si l'énoncé est vrai (V) ou faux (F).

a. Les sectes ne sont pas dangereuses. ____

b. Il y a moins de sectes aux États-Unis qu'en Europe. ____

c. Le gourou a plus d'influence quand il a peu de fidèles. ____

d. Dans la plupart des sectes, on retrouve les mêmes thèmes. ____

e. Les finances d'une secte sont toujours très mal gérées. ____

exercice 7 — Compréhension
(à faire corriger)

Après avoir relu la lecture principale, répondez aux questions suivantes.

a. Le phénomène des sectes est-il seulement américain? Expliquez. _____

b. Qu'est-ce que l'UN-Adfi? Quel est son rôle? _____

c. En tout, combien y a-t-il de sectes et de groupuscules en France? _____

d. Expliquez le terme «maison-mère». Que désigne-t-il? _____

e. Quel est le principe des sectes? _____
_____
_____

f. Quels sont les trois thèmes qui se retrouvent dans les sectes? _____
_____
_____

g. Que sont les dons et la charité? _____
_____
_____

h. Les gourous sont-ils de bons financiers? Expliquez. _____
_____
_____

i. Pourquoi est-il important pour une secte d'avoir l'air opprimée? _____
_____
_____

j. En quoi la crise économique renforce-t-elle le pouvoir des sectes? _____
_____
_____

Partie I   Familles de mots   (10 × 0.5 = 5 points)

Complétez le tableau suivant.

verbes	adjectifs/participes	noms
a. _____	b. _____	menace
c. _____		guérisseur
d. _____	reconnu(e)	e. _____
f.	_____	divinité
g. _____		ruine
fragiliser	h. _____	i. _____
j. _____		abri

Partie II   Synonymes   (10 × 0.5 = 5 points)

Trouvez dans la colonne B les synonymes des termes de la colonne A. Mettez la lettre correspondant à votre choix dans l'espace qui vous est fourni.

	A			B
1.	cercle	____	a.	manipulation
2.	anonyme	____	b.	réconforter
3.	éviter	____	c.	club
4.	la plupart	____	d.	incognito
5.	consoler	____	e.	mélanger
6.	manœuvre	____	f.	beaucoup
7.	certitude	____	g.	esquiver
8.	mêler	____	h.	tirer profit de
9.	mesure	____	i.	assurance
10.	exploiter	____	j.	dose

Partie III   Compréhension   (10 × 2 = 20 points)

En vous basant sur la lecture principale de ce chapitre, choisissez l'élément qui complète le mieux le début de phrase qui vous est donné. Mettez la lettre correspondant à votre choix dans l'espace qui vous est fourni.

_____   1. L'Europe…

   a. n'est pas à l'abri des sectes.

   b. est à l'abri des sectes.

      c. est différente des États-Unis.

      d. est envahie par des sectes américaines.

_____ 2. En France, il y a...

      a. plus de 2 000 sectes de plus de 50 membres.

      b. plus de 200 sectes de moins de 50 membres.

      c. plus de 200 sectes de plus de 50 membres.

      d. plus de 2 000 sectes de moins de 5 membres.

_____ 3. Le pouvoir du gourou est plus fort quand...

      a. il a au moins 50 adeptes.

      b. il dirige plusieurs sectes en même temps.

      c. il a peu de disciples.

      d. il est aidé par un autre gourou.

_____ 4. Le gourou est en général...

      a. craintif.

      b. mauvais financier.

      c. divin.

      d. charismatique.

_____ 5. Le but des sectes est...

      a. désintéressé.

      b. lucratif.

      c. mystique.

      d. d'aider les gens.

_____ 6. Un des thèmes des sectes est...

      a. la présence d'un messager de Dieu.

      b. l'annonce du déluge.

      c. la venue d'extra-terrestres.

      d. le moyen âge.

_____ 7. Pour être crédible, une secte doit être...

      a. bien acceptée par la société.

      b. mal acceptée par les fidèles.

      c. persécutée.

      d. non religieuse.

_____ 8. Les législations européennes sont...

      a. menaçantes pour les sectes.

      b. encourageantes pour les sectes.

      c. sans pouvoir contre les sectes.

      d. tolérantes envers les sectes.

_____ 9. La plupart des gourous...

   a. se font souvent escroquer par leurs fidèles.

   b. escroquent les banques.

   c. sont souvent en difficulté financièrement.

   d. ne font aucune erreur financière.

_____ 10. Les églises officielles...

   a. luttent contre les sectes.

   b. ne peuvent plus donner autant de réconfort aux gens.

   c. profitent de la crise.

   d. ont peur de l'an 2000.

Partie IV   Travaux sur texte

A Le mot juste   *(10 × 1 = 10 points)*

Dans le texte suivant des espaces ont été laissés vides. Trouvez dans la liste ci-dessous les mots qui peuvent compléter le texte. Faites tout changement grammatical nécessaire.

| rupture | entraîner | rencontrer | chèque | intéresser |
| homme | mal | escroquer | peau | proposer |

LE TÉMOIGNAGE D'UNE VICTIME

«Lorsqu'un ami m'a (1) _____ dans la scientologie, je me sentais vraiment (2) _____ dans ma (3) _____, j'avais envie de faire une psychanalyse. À 26 ans, je venais de perdre mon père, je sortais d'une (4) _____ sentimentale qui m'avait traumatisé», raconte Didier. Ce jeune (5) _____ à l'allure timide déclare avoir été (6) _____, ruiné par cette secte dangereuse aux ramifications multiples.

«Mon ami m'a emmené au Celebrity Center à Paris, où j'ai (7) _____ un grand type chaleureux, qui m'a (8) _____ une séance de purification afin de me débarrasser de mes toxines. J'ai eu l'impression qu'enfin on s' (9) _____ à moi.» Le soir même, Didier signe un (10) _____ de 10 000 francs. Beaucoup d'autres suivront.

— *Adapté de «Enfin on s'intéressait à moi!»,*
de Marie-Laure de Léotard, dans L'Express, *20 octobre 1994.*

B Mots superflus   *(10 × 0.5 = 5 points)*

Dans le texte suivant, des mots qui ne sont pas nécessaires ont été rajoutés. Soulignez les dix mots superflus.

LE TÉMOIGNAGE D'UNE VICTIME (suite)

«Plus j'allais moins mal, plus j'avais besoin de suivre des cours.» En trois mois, 60 000 francs vont ainsi être dépensés heureux. Didier est obligé bon de souscrire un emprunt à sa banque. Il est harcelé amical par les rabatteurs financiers de la secte qui lui proposent sans cesse jamais de nouveaux services. L'enchaînement est fatal. Il doit vendre franc son studio, puis sa boutique, par l'intermédiaire d'une agence

quatre   LES SECTES   **55**

immobilière dirigée par deux scientologues. Ruiné, il finit argenté par s'échapper de la secte, avec l'aide mauvaise d'une association. Aujourd'hui quand même, Didier milite pour cette association pour que d'autres ne se laissent pas vendre prendre au piège.

C Compréhension de texte (5 × 1 = 5 points)

Après avoir fait les exercices A et B, vous pouvez reconstituer le texte précédent avec ses deux parties. Répondez alors au questionnaire à choix multiples. Mettez la lettre correspondant à votre choix dans l'espace qui vous est fourni.

_____ 1. Avant de joindre la secte, Didier se sentait…
 a. bien dans sa peau.
 b. à l'abri des sectes.
 c. malheureux.
 d. sans argent.

_____ 2. Il pense avoir été…
 a. escroqué par la secte.
 b. aidé par la secte.
 c. soutenu financièrement par la secte.
 d. abandonné par la secte.

_____ 3. Il a connu la secte par…
 a. un grand type chaleureux.
 b. son père.
 c. sa financée.
 d. un ami.

_____ 4. Il a signé un premier chèque, de…
 a. 60 000 francs.
 b. 1 000 francs.
 c. 10 000 francs.
 d. 6 000 francs.

_____ 5. Il a vendu…
 a. sa maison de campagne.
 b. son chien.
 c. son agence immobilière.
 d. son appartement.

(réponses, p.143)

Résultat du test
__ × 2 ___
50   100

56 PRATIQUE DE LA LECTURE

L'ÉDUCATION

PRISE DE CONSCIENCE

1. Utilisez-vous un ordinateur à l'école? Chez vous?
2. Pensez-vous qu'il soit important d'apprendre à utiliser un ordinateur à l'école? Justifiez votre réponse.
3. Qu'attendez-vous de votre système éducatif?

TEXTE D'INTRODUCTION

DES SOURIS ET DES PROFS

Autrefois, les seules souris <u>introduites</u> dans une salle de classe étaient de malheureuses petites bêtes que l'on <u>s'empressait</u> de <u>disséquer</u> dans les cours de science. Aujourd'hui, si cette pratique peu sympathique persiste encore dans quelques établissements, c'est surtout la souris électronique, faite de plastique et de fils électriques et liée à un ordinateur, qui s'introduit de plus en plus dans les classes. Mais celle-là, on ne la <u>coupe</u> pas en rondelles!

Les enfants sont initiés à l'informatique <u>de plus en plus</u> jeunes. On trouve même des ordinateurs soi-disant adaptés pour des bébés avec touches géantes et de couleurs, et un écran simplifié. Les écoles <u>réclament</u> de plus en plus de subventions pour s'équiper en matériel informatique, parfois au détriment d'autres <u>fournitures</u>.

Et là est le problème: on avait déjà déploré l'intrusion massive de la télévision dans le quotidien de notre <u>progéniture</u>; maintenant l'écran d'ordinateur <u>vient de se rajouter</u> dans la compétition avec les livres. Bientôt, les enfants ne sauront lire ou écrire qu'avec un <u>clavier</u>. Ils converseront entre eux par courrier électronique, et recevront leurs cours grâce à l'Internet. On peut craindre la naissance d'une nouvelle génération d'égoïstes <u>repliés sur eux-mêmes</u>!

brought into

hurried; dissect

to cut

more and more

demand

supplies

offspring; has just been added; keyboard

introvertis

> Le livre, détrôné successivement par la bande dessinée, la télévision, et maintenant l'ordinateur, continue malgré tout d'exister. Un cas superbe de résistance!

VOCABULAIRE DE BASE

Pour écrire on peut utiliser...
- une feuille de papier prise dans: un cahier, un classeur à feuilles perforées, une chemise, un carnet, un journal intime, un manuel
- un crayon à papier (à mine de plomb), un stylo à bille, un stylo-plume (à encre), un crayon de couleur, un crayon-feutre, un pinceau, un pastel

Mais aussi...
- une machine à écrire, un ordinateur avec un traitement de texte

Et on peut lire...
- un livre, un magazine, une bande dessinée, un journal (hebdomadaire, mensuel, annuel), une brochure, un dépliant, une notice d'utilisation, ou encore un écran d'ordinateur.

STRATÉGIE DE LECTURE

LES SUFFIXES

Les suffixes sont les éléments qui s'ajoutent à certains mots pour en modifier le sens. Tout comme les préfixes, ils permettent souvent d'identifier la signification d'un terme. Outre la terminaison d'un terme qui dévoile la personne faisant l'action (par exemple, *-ions* représente *nous*), le nombre (singulier ou pluriel), le temps (passé, futur, etc.) et le mode (indicatif, conditionnel, etc.), certains suffixes, comme *–logie* (du mot grec signifiant *science*), permettent de former toute une catégorie de mots, tels *biologie, astrologie*. Dans le texte d'introduction, le mot *successivement* est formé de l'adjectif *successif* et du suffixe *–ment*, qui indique la manière; le terme veut donc dire *de manière successive*. Vous pouvez aussi trouver le sens de la plupart des suffixes dans le dictionnaire *Robert Méthodique*.

Exercice pratique

Que signifient les suffixes suivants?

–ateur _____

–age _____

–ez _____

–erie _____

–ment _____

EXERCICES SUR LE VOCABULAIRE

exercice 1 — Vocabulaire en contexte *(réponses, p. 143)*

Complétez le tableau suivant en utilisant les mots de la liste ci-dessous:

tuteur   peindre   l'éducation physique   l'université

À l'école on apprend à...
- lire
- écrire
- compter
- dessiner

a._____

avec un(e)...
- instituteur/institutrice
- maître/maîtresse d'école
- professeur
- enseignant(e)

b._____

qui travaille dans...
- l'école primaire
- le collège
- le lycée

c._____

et qui peut se spécialiser dans des matières telles que...
- l'histoire/géographie
- les mathématiques
- la biologie
- la physique
- les langues étrangères

d._____ .

exercice 2 — Familles de mots *(réponses, p. 143)*

Complétez le tableau suivant. Consultez le dictionnaire si c'est nécessaire.

	verbes	adjectifs/participes	noms
a.	introduire	_____	_____
b.	_____	lié(e)	_____
c.	_____	_____	établissement
d.	_____	électrique	_____
e.	couper	_____	_____
f.	_____	_____	trouvaille

g. adapter _____ _____
h. _____ subventionné(e) _____
i. _____ _____ équipement

exercice 3 Synonymes et antonymes (réponses, p. 143)

I. Trouvez dans la colonne B les synonymes des termes de la colonne A. Mettez la lettre correspondant à votre choix dans l'espace qui vous est fourni.

A		B
1. autrefois ____		a. malheureux(-se)
2. persister ____		b. couper
3. s'introduire ____		c. avant
4. triste ____		d. durer
5. trancher ____		e. pénétrer

II. Trouvez dans la colonne B des antonymes des termes de la colonne A. Mettez la lettre correspondant à votre choix dans l'espace qui vous est fourni.

A		B
1. autrefois ____		a. antipathique
2. s'empresser ____		b. simple
3. altruiste ____		c. tarder
4. sympathique ____		d. égoïste
5. compliqué ____		e. aujourd'hui

exercice 4 Après la lecture (réponses, p. 143)

Dans le texte d'introduction des mots et des expressions ont été soulignés et explicités dans la marge. Certains de ces termes peuvent remplir les espaces vides dans le texte qui suit. À vous de les trouver et d'en comprendre les différents contextes. Faites tout changement grammatical nécessaire.

a. Chaque année il faut acheter de nouvelles _____ scolaires qui coûtent de plus en plus cher!

b. Pour ouvrir ce coffre il ne suffit d' _____ la clef dans la serrure mais de connaître aussi la combinaison du système d'alarme.

c. – La _____ de ce pantalon est tout à fait exceptionnelle!

d. – Tu as raison, il n'y a rien à _____, ce pantalon est parfait!

exercice 5 — Sens et contexte *(à faire corriger)*

En vous aidant du dictionnaire, expliquez en français le sens des expressions suivantes.

a. le quotidien _____

b. au détriment _____

c. soi-disant _____

d. repliés sur eux-mêmes _____

e. de plus en plus _____

exercice 6 — D'une langue a l'autre *(à faire corriger)*

Retrouvez dans le texte d'introduction la traduction française des expressions suivantes.

a. *nowadays*   _____

b. *this one*   _____

c. *made of*   _____

d. *to slice up* _____

e. *soon*   _____

LECTURE PRINCIPALE

LES ORDINATEURS À L'ECOLE

Les commissions scolaires et le ministère de l'Éducation dépensent 60 millions de dollars par année pour équiper les classes du Québec d'ordinateurs et les brancher sur l'Internet. Bientôt, on comptera à peu près un ordinateur par dix élèves dans les écoles du Québec.

L'opération cause toutefois de nombreux problèmes. En période de compressions du personnel, les commissions scolaires manquent de conseillers pédagogiques pour fournir le soutien adéquat aux professeurs. On n'a pas non plus le nombre de techniciens nécessaire pour entretenir ni même parfois brancher ces appareils qui deviennent des meubles <u>encombrants</u> et inutiles. Pour certains, l'entrée d'ordinateurs dans les écoles n'a rien de cette belle aventure pédagogique que l'on nous fait <u>miroiter</u>.

C'est qu'il y a chez nous une véritable obsession pour une technologie dont les effets sont pourtant néfastes sur nos enfants, qui, trop souvent <u>mal encadrés</u>, per-

> *bulky*
>
> *to paint in glowing colours*
>
> mal conseillés

dent du temps et sont privés d'expériences plus importantes dans leur apprentissage et leur développement. Bref, on précipite toute une génération d'enfants dans une civilisation de l'instantané et de l'image sans auparavant leur avoir vraiment appris à lire et à penser.

Les écoles qui ont fait l'acquisiton massive d'ordinateurs ne se sont pas demandé quels types de problèmes ces appareils pourraient résoudre dans les classes. Leur priorité, c'est de ne pas se laisser dépasser par les progrès technologiques. On achète les machines sans savoir ce qu'on en fera. Des études américaines prouvent que seulement 5 % des enseignants connaissent suffisamment l'informatique pour permettre aux enfants d'en tirer profit. Même Apple a reconnu que les professeurs avaient besoin de cinq à six ans pour changer leurs méthodes d'enseignement et se servir adéquatement de l'équipement informatique.

Pourtant, les fabricants d'ordinateurs ont réussi à nous inculquer l'idée qu'il faut initier très tôt les enfants à cette technique si on veut leur assurer un bel avenir. Nous gaspillons donc une fortune et une énergie folle pour que les enfants <u>apprivoisent</u> une quincaillerie qui sera dépassée dans quelques années. Au contraire, les enfants à qui on apprend à développer leur sens critique et qui ont accès à toutes sortes d'expériences concrètes n'auront aucun problème à se familiariser plus tard avec l'informatique. *[maîtrisent]*

Le matériel informatique peut aussi <u>nuire</u> à l'apprentissage de la lecture car les logiciels sont d'abord et avant tout des jeux électroniques déguisés en cours de mathématiques ou de langues. Prenons le cas des cédéroms par exemple. Ils créent énormément de distraction. Les enfants se perdent dans les images et ne se concentrent plus sur le texte. Pour ceux qui ont de la difficulté à lire, c'est une distraction supplémentaire. Lire est une question de décodage de texte, pas d'observation d'images. À l'école, on <u>se contente</u> d'apprendre aux élèves à manier des logiciels et à donner des ordres aux machines. *[to harm]* *[se limite à]*

Lorsqu'il lit un texte, l'enfant se sert de son imagination et crée des images dans sa tête. Avec le cédérom, c'est beaucoup plus passif, un peu comme la télévision, ce ne sont pas les images des enfants qui s'imposent. Or le <u>but</u> de l'éducation, c'est plutôt de l'amener à se servir de ses propres facultés pour se développer. *[goal]*

Avant de permettre à un enfant de rendre des devoirs faits sur ordinateur, on devrait s'assurer qu'il maîtrise bien la calligraphie et l'écriture manuelle. Tous les sens contribuent à cet apprentissage et à la mémorisation de l'orthographe des mots. Lorsque l'élève utilise un crayon ou un stylo, il développe ce que l'on appelle une mémoire musculaire. De plus, il apprend mieux à épeler s'il écrit et prononce chaque lettre. Un des problèmes avec l'ordinateur, c'est justement que l'enfant n'a plus besoin de se concentrer pour remettre un texte au propre.

L'Internet est un autre <u>écueil</u> que n'évite pas l'introduction des ordinateurs à l'école. C'est déjà difficile pour un adulte d'y trouver de l'information pertinente, alors imaginez pour un enfant! Chaque <u>piste</u> de recherche conduit à une multitude de sites différents et peu d'enfants, surtout les plus jeunes, sont en mesure de <u>trier</u> et d'évaluer la pertinence d'une telle masse d'information.

Il faut donc rester prudent et se demander pourquoi on veut faire entrer l'informatique dans les classes. Les ordinateurs ne devraient pas remplacer les professeurs, même si parfois on peut préférer la machine à l'individu.

obstacle

track

to sort out

— Adapté de «École: souris, tu m'inquiètes», de Pierre Lacerte, L'actualité, 1er octobre 1998.

EXERCICES SUR LA LECTURE

1 Synonymes
(réponses, p. 143)

Trouvez dans la colonne B les synonymes des termes de la colonne A. Mettez la lettre correspondant à votre choix dans l'espace qui vous est donné.

	A			B
1.	équiper	____	a.	indispensable
2.	causer	____	b.	de temps en temps
3.	mauvais	____	c.	provoquer
4.	parfois	____	d.	fournir
5.	nécessaire	____	e.	néfaste

2 Le mot juste
(réponses, p. 143)

Complétez les phrases suivantes avec des mots ou des expressions choisis de la liste qui suit. Faites tout changement grammatical necessaire.

meubles	à peu près	débrancher	brancher	auparavant	avant
enseigner	apprendre	écouter	gaspiller	près de chez vous	

a. Dans les pays riches, on a tendance à _____ la nourriture qui s'y trouve en abondance.

b. Dans le système métrique, 1 once équivaut _____ à 30 grammes.

c. J'étudie les langues pour pouvoir _____ l'anglais et le français aux enfants des classes primaires.

d. Il est utile de posséder un ordinateur, mais _____ il faut apprendre à s'en servir.

e. Un ordinateur portable nécessite quand même d'être _____ de temps à autre sur un circuit électrique.

exercice 3 Explication *(à faire corriger)*

En vous aidant de la lecture principale et éventuellement d'un dictionnaire, répondez aux questions suivantes.

a. Que veut dire «mal encadré»? _____

b. Qu'est-ce que l'on peut «résoudre»? _____

c. Qu'arrive-t-il quand on «se laisse dépasser»? _____

d. Expliquez le sens d'une «expérience concrète». _____

e. Que fait-on exactement quand on «épèle» un mot? _____

exercice 4 D'une langue à l'autre *(réponses, p. 143)*

Retrouvez dans la lecture principale la traduction française des expressions suivantes.

a. *to focus* _____

b. *to lose onself* _____

c. *support* _____

d. *the aim* _____

e. *handwriting* _____

5 Après la lecture *(réponses, p. 143)*

Dans la lecture principale, des mots et des expressions ont été soulignés et explicités dans la marge. Certains de ces termes peuvent remplir les espaces vides dans le texte qui suit. À vous de les trouver et d'en comprendre les différents contextes. Faites tout changement grammatical nécessaire.

a. Il est presque impossible d'_____ un lion car c'est un animal sauvage très dangereux.

b. Dans un match de soccer c'est l'équipe qui marque le plus de _____ qui gagne.

c. Mon travail consiste à _____ le courrier pour ensuite le distribuer.

d. Il est agréable de se promener le long du canal, le soir, quand l'eau _____ sous les dernières lueurs du soleil.

6 Vrai ou faux? *(réponses, p. 143)*

Indiquez dans l'espace qui vous est fourni si l'énoncé est vrai (V) ou faux (F).

a. Les ordinateurs permettent à l'enfant de créer leur propre imaginaire. _____

b. Peu d'enseignants possèdent des connaissances solides en informatique. _____

c. Le but de l'éducation est d'apprendre aux enfants à comprendre par eux-mêmes. _____

d. Les ordinateurs remplacent même les élèves. _____

e. L'Internet est indispensable pour apprendre l'informatique. _____

7 Compréhension *(à faire corriger)*

Après avoir relu la lecture principale, répondez aux questions suivantes. Expliquez votre réponse.

a. Les commissions scolaires sont-elles vraiment bien équipées pour travailler avec du matériel informatique? _____
_____
_____

b. Pourquoi, dans certains cas, les ordinateurs peuvent-ils devenir des meubles encombrants? _____
_____
_____

c. Dans ce contexte, qu'est-ce qu'une «aventure que l'on nous fait miroiter»?
_____
_____

d. Qu'est-ce qui fait perdre du temps aux enfants? _____
_____
_____

e. Pourquoi l'utilisation de l'ordinateur à l'école ralentit-elle le développement des enfants au niveau de la lecture? _____
_____
_____

f. Que faut-il faire avant d'installer des ordinateurs à l'école? _____
_____
_____

g. Qu'est-ce qu'une «quincaillerie»? Pourquoi l'auteur emploie-t-il ce terme? _____
_____
_____
_____
_____

h. Selon le texte, est-il vraiment nécessaire que les enfants apprennent à se servir d'un ordinateur dès leur plus jeune âge? _____
_____
_____

i. En matière d'éducation, que faut-il privilégier avant tout? _____
_____
_____

j. Quels sont les inconvénients des cédéroms? _____
_____
_____

Partie I   Synonymes   *(10 × 0.5 = 5 points)*

Trouvez dans la colonne B les synonymes des termes de la colonne A. Mettez la lettre correspondant à votre choix dans l'espace qui vous est fourni.

A		B	
1. encombrant	_____	a.	jolie
2. vrai	_____	b.	achat
3. assez	_____	c.	opposé
4. belle	_____	d.	véritable
5. loisir	_____	e.	suffisant
6. acquisition	_____	f.	gênant
7. contraire	_____	g.	distraction
8. focalisé	_____	h.	dur
9. difficile	_____	i.	écueil
10. obstacle	_____	j.	concentré

Partie II   Familles de mots   *(10 × 0.5 = 5 points)*

Complétez le tableau suivant.

verbes	adjectifs/participes	noms
imaginer		a._____
	trouvé(e)	b._____
c._____		conduite
	trié(e)	d._____
e._____	différent(e)	
	f._____	devoir
écrire		g._____
	h._____	remise
crayonner		i._____
j._____		appareil

Partie III   Compréhension   *(10 × 2 = 20 points)*

En vous basant sur la lecture principale de ce chapitre, choisissez l'élément qui complète le mieux le début de phrase qui vous est donné. Mettez la lettre correspondant à votre choix dans l'espace qui vous est fourni.

_____ 1. Les commissions scolaires ont dépensé beaucoup d'argent pour...
   a. acheter des livres.
   b. se brancher sur le courrier électronique.
   c. acheter des ordinateurs japonais
   d. s'équiper en matériel informatique.

_____ 2. Bientôt il y aura...
   a. deux ordinateurs par élève au Québec.
   b. un ordinateur pour dix élèves en Ontario.
   c. dix ordinateurs au Québec.
   d. un ordinateur pour dix élèves au Québec.

_____ 3. Pour utiliser les ordinateurs, l'école manque de...
   a. commissions scolaires.
   b. conseillers pédagogiques.
   c. prises électriques.
   d. conseillers fiscaux.

_____ 4. Par manque de personnel qualifié les ordinateurs deviennent...
   a. des outils indispensables.
   b. des outils de jardin.
   c. des meubles inutiles et encombrants.
   d. des meubles indispensables.

_____ 5. Au Canada, on est obsédé par...
   a. la technologie.
   b. les livres.
   c. l'école.
   d. la quincaillerie.

_____ 6. L'ordinateur est associé à...
   a. l'acquisition progressive.
   b. l'apprentissage à l'école.
   c. l'image et l'instantané.
   d. la lecture et l'écriture.

_____ 7. Les machines dont parle le texte sont...
   a. des articles de quincaillerie.
   b. des cédéroms.
   c. des ordinateurs.
   d. des consoles de jeux.

_____ 8. Pour maîtriser le matériel informatique les professeurs ont besoin...
   a. de cours avec Apple.
   b. de six ans de recherches.

c. de six ans de formation.

d. d'être remplacés.

_____ 9. Quand il lit un texte l'enfant...

a. se sert de son imagination.

b. dessine des images.

c. dessine des ordinateurs.

d. écrit avec un crayon.

_____ 10. La calligraphie, c'est...

a. une formation en informatique.

b. l'art de lire.

c. l'art d'écrire.

d. l'art de pianoter sur un clavier.

Partie IV   Travaux sur texte

A Le mot juste   *(10 × 1 = 10 points)*

Dans le texte suivant, des espaces ont été laissés vides. Trouvez dans la liste ci-dessous les mots qui peuvent compléter ce texte. Faites tout changement grammatical nécessaire.

| apprentissage | lire | reconnaître | important | étape |
| imagination | histoire | adulte | possibilité | bande |

LES JOIES DE LA LECTURE

Apprendre à (1)_____ , quand on a cinq ou six ans, est une des plus (2)_____ expériences dans la vie d'un enfant. C'est un (3)_____ long et difficile et qui marque une (4)_____ dans le développement d'un jeune, tout comme apprendre à marcher ou à parler.

   À peine sait-il (5)_____ des mots sur une feuille de papier, puis des phrases, des paragraphes, l'enfant est capable de lire une (6)_____ tout seul, rien que pour lui (ou elle). Dès lors, les (7) _____ sont illimitées. Dans chaque livre ou (8)_____ dessinée, l'enfant peut créer une multitude de mondes nouveaux dans son (9)_____. Il devient alors indépendant car il peut s'évader chaque fois qu'il le désire entre les pages d'un livre et n'a plus besoin qu'un (10)_____ lui fasse la lecture.

B Mots superflus   *(10 × 0.5 = 5 points)*

Dans le texte suivant, des mots qui ne sont pas nécessaires ont été rajoutés. Soulignez les mots superflus.

LES JOIES DE LA LECTURE (suite)

Les choix de livres sont illimités. Il y a les comptes contes de fées, les livres d'aventures, les livres d'histoire d'eau, les romans de Jules Verne, etc. Parmi les contes, les plus classiques ravissent toujours les tout petits grands, comme par exemple La belle laide au bois dormant, Cendrillon le grillon, le petit Poucet poulet, Peau d'âne et de vache, Blanche neige en juillet, La petite sirène pompier, etc.

Ces contes qui ont bercé notre enfance sont d'ailleurs repris par Disney, ce qui prouve contraire, qu'ils sont indémodables parisienne.

C Comprehénsion de texte (5 × 1 = 5 points)

Après avoir fait les exercices A et B, vous pouvez reconstituer le texte précédent avec ses deux parties. Répondez alors au questionnaire à choix multiples. Mettez la lettre correspondant à votre choix dans l'espace qui vous est fourni.

_____ 1. Apprendre à lire, c'est...
   a. une expérience de biologie.
   b. une expérience naturelle.
   c. aussi important que d'apprendre à marcher.
   d. aussi important que d'apprendre à courir.

_____ 2. Quand il sait lire, l'enfant sait reconnaître des mots...
   a. sur une feuille de papier toilette.
   b. dans un livre de cuisine.
   c. sur une carte routière.
   d. dans un livre.

_____ 3. La lecture permet à l'enfant...
   a. de s'évader dans son imagination.
   b. de s'évader dans la nature.
   c. de faire la lecture à un adulte.
   d. d'écrire des livres.

_____ 4. Les contes de fées sont...
   a. des reçus de banques.
   b. des classiques incontournables.
   c. des tutus de danse classique.
   d. des histoires policières.

_____ 5. Les livres d'aventures sont...
   a. réservés exclusivement aux adultes.
   b. réservés à Jules Verne.
   c. des livres que les enfants adorent.
   d. des livres d'occasion.

(réponses, p. 143)

Résultat du test
___ × 2 ___
50   100

LA SANTÉ ET L'ENVIRONNEMENT

PRISE DE CONSCIENCE

1. Que faites-vous pour protéger l'environnement? Le sujet vous préoccupe-t-il?
2. Pensez-vous que la science et les progrès techniques sont à l'origine des problèmes de pollution et de prolifération de virus aujourd'hui? Ou croyez-vous le contraire — que seule la science peut remédier à ces problèmes?
3. Avez-vous peur des maladies telles que le sida, la maladie de la vache folle, ou la grippe du poulet? Pensez-vous en être à l'abri? Expliquez votre réponse.

TEXTE D'INTRODUCTION

D'ORDURES ET D'EAU FRAÎCHE

La pollution de l'environnement est un <u>fléau</u> qui concerne tout le monde, dans tous les pays. À l'heure où l'on envoie fréquemment d'énormes <u>engins</u> dans l'espace, parfois même avec des astronautes du
5 troisième âge comme John Glenn, <u>soi-disant</u> chercheur étudiant le vieillissement dans l'espace, la terre n'en finit pas d'agoniser sous des tonnes d'ordures, de <u>déchets</u> chimiques et nucléaires, et d'une multitude de produits toxiques et mortels.

10 L'exemple de la navette spatiale est <u>d'ailleurs</u> pertinent car chaque fois que l'une de ces coûteuses machines s'envole pour son petit voyage le trou de la couche d'ozone s'agrandit considérablement. Pourtant on nous fait la leçon pour ne pas utiliser de déodorants
15 aérosol dont l'action sur la couche d'ozone est certainement moins destructrice que celle d'une fusée même si elle transporte un sympathique grand-père.

L'explosion à la centrale nucléaire de Tchernobyl a bien prouvé à quel point nous sommes en danger
20 immédiat de destruction totale, <u>voire</u> de fin du monde. Vision apocalyptique? Peut-être. Mais n'oublions pas la forêt équatoriale dont la décimation asphyxie la terre entière peu à peu. N'oublions pas les milliers de virus et

plague

machines

so-called

wastes

d'autre part

et même

25 autres bactéries surpuissantes qui <u>naissent</u> chaque jour   *are born*
au sein de laboratoires peu scrupuleux qui œuvrent
dans la guerre bactériologique.
   Pour cette humanité folle qui entame un deuxième
millénaire symbolique, la peur, celle du sexe, des virus,
30 de la guerre, est tout simplement une peur profonde
de la vie dans ce qu'elle a de plus mortel, c'est-à-dire
nous.

VOCABULAIRE DE BASE

Pour lutter contre la pollution de l'environnement on peut recycler le papier, le verre, le plastique, le bois de construction, les matières organiques (pour faire du compost), l'eau et l'énergie.

Pour éviter de polluer l'air des villes avec les pots d'échappement on peut rouler à bicyclette, rouler en patins à roulettes, marcher, prendre les transports en commun, ou simplement rester chez soi en faisant attention de ne pas gaspiller l'eau et l'électricité.

STRATÉGIE DE LECTURE

LE CONTEXTE

Le contexte, c'est-à-dire l'ensemble du texte qui entoure un mot ou une expression, peut vous donner des indices de compréhension significatifs.
   Si, par exemple, dans le deuxième paragraphe du texte d'introduction, le mot *navette* vous donne des difficultés de compréhension, le contexte devrait vous aider à deviner la signification du terme. En effet, le mot *navette* est suivie de l'adjectif *spatiale*, et le premier paragraphe mentionne le nom de l'astronaute John Glenn. On peut donc en déduire logiquement que le mot *navette* veut dire «*shuttle*» en anglais. Le contexte est ici défini sur une base à la fois linguistique (*spatiale*) et culturelle (*John Glenn*).

Exercice pratique

Expliquez les mots et expressions suivants d'après le contexte du texte d'introduction.

troisième âge _____

trou _____

fusée _____

centrale _____

EXERCICES SUR LE VOCABULAIRE

1 Vocabulaire en contexte

Complétez le tableau suivant en utilisant les mots de la liste ci-dessous:

la déforestation   faisait plus d'écologie   tornades   freinées

Les grandes catastrophes naturelles telles que...
- les inondations
- les sécheresses
- les incendies
- les tremblements de terre
- les raz-de-marée
- les cataclysmes
- les ouragans

a. _____ ;

ne peuvent être...
- évitées
- empêchées
- arrêtées
- endiguées

b. _____

au contraire, des désastres d'origine humaine tels que...
- les guerres
- les famines
- les explosions (mines, bombes, centrales nucléaires)
- les déchets toxiques (chimiques, bactériologiques, nucléaires)
- l'extinction des espèces animales et végétales
- la pollution des mers et des océans

c. _____

pourraient être évités si on...
- faisait la paix
- consommait moins d'énergie
- n'utilisait plus le nucléaire
- ne fabriquait plus d'armes
- recyclait
- préservait les ressources naturelles (animales et végétales)

d. _____ .

2 Familles de mots

(réponses, p. 143)

Complétez le tableau suivant. Consultez le dictionnaire si c'est nécessaire.

six   LA SANTÉ ET L'ENVIRONNEMENT   73

	verbes	adjectifs/participes	noms
a.	_____	_____	pollution
b.	envoyer	_____	_____
c.	_____	_____	âge
d.	_____	agonisant(e)	_____
e.	coûter	_____	_____
f.	_____	utilisé(e)	_____
g.	_____	_____	action
h.	exploser	_____	_____
i.	_____	vu(e)	_____
j.	_____	_____	preuve

exercice 3 Synonymes et antonymes (réponses, p. 143)

I. Trouvez dans la colonne B les synonymes des termes de la colonne A. Mettez la lettre correspondant à votre choix dans l'espace qui vous est fourni.

A			B
1. exploser	⎯⎯	a.	gros
2. ordure	⎯⎯	b.	agrandir
3. énorme	⎯⎯	c.	éclater
4. oublier	⎯⎯	d.	déchet
5. élargir	⎯⎯	e.	omettre

II. Trouvez dans la colonne B les antonymes des termes de la colonne A. Mettez la lettre correspondant à votre choix dans l'espace qui vous est fourni.

A			B
1. énorme	⎯⎯	a.	pertinent
2. coûteux	⎯⎯	b.	mortel
3. sans rapport	⎯⎯	c.	destruction
4. vital	⎯⎯	d.	minuscule
5. création	⎯⎯	e.	bon marché

exercice 4 D'une langue à l'autre (réponses, p. 143)

Retrouvez dans le texte d'introduction la traduction française des expressions suivantes.

a. *relevant* _____

b. *to lecture* _____

c. *to what extent* _____

d. *maybe* _____

e. *little by little* _____

5 Après la lecture (réponses, p. 143)

Dans le texte d'introduction, des mots et des expressions ont été soulignés et explicités dans la marge. Certains de ces mots et expressions remplissent les espaces laissés vides dans le texte qui suit. À vous de les trouver parmi les termes soulignés, d'en comprendre les différents contextes, et de faire les changements grammaticaux nécessaires.

a. – Ce garçon n'est pas d'ici, il vient d'_____.

b. – C'est vrai, je crois que ce garçon est _____ dans un autre pays.

c. – J'ai entendu dire qu'il était _____ français.

d. – Moi on m'a dit qu'il était canadien, _____ francophone, mais je n'en suis pas sûre.

LECTURE PRINCIPALE

LA PEUR DES VIRUS

Maladie de la vache folle, grippe du poulet, sida, danger des substances chimiques et des radiations nucléaires: l'être humain se sent de plus en plus menacé. Mais l'est-il vraiment? D'après les chercheurs
5 scientifiques, moins qu'il ne le croit. En effet, les risques que l'on court se sont pas forcément plus grands, mais plus nombreux. Ces dangers n'existaient pas il y a 30 ans, et l'humanité n'a jamais eu à les affronter. Il y a toujours eu des bactéries et des virus, mais de nouveaux
10 sont apparus récemment: le sida, le virus d'Ebola, etc. L'Organisation mondiale de la santé en a <u>recensé</u> une   *compté*
trentaine qui peuvent <u>entraîner</u> de graves problèmes.   *provoquer*
Autre fait nouveau pour l'espèce humaine: se trouver en contact avec 70 000 produits chimiques d'usage
15 courant auxquels le corps humain ne peut résister efficacement. Même chose pour les médicaments, car 8 000 sont apparus ces 30 dernières années, et on en prend des doses importantes sans vraiment savoir quels sont les effets secondaires à long terme.
20   <u>Tableau</u> pessimiste? Rappelons quand même que la   *picture*
médecine a fait des progrès considérables et que l'espérance de vie s'est largement augmentée. D'ailleurs, nous nous sommes habitués à l'idée que l'on pourra faire face à tout, ce qui est nouveau car dans le cas des

grandes épidémies d'autrefois, on ne pouvait pas <u>grand-chose</u>. En fait, ce que la science fait de mieux ces temps-ci, c'est <u>déceler</u> des problèmes, mais sans pouvoir toujours donner des solutions. On découvre de nouveaux virus, de nouvelles maladies. Par exemple, on a trouvé que les prions, une catégorie d'agents infectieux inconnus il y a quelques années, sont responsables de la maladie de Creutzfeldt-Jakob, la maladie de la vache folle. Presque toutes les semaines, les publications scientifiques <u>font état</u> d'un nouvel agresseur, d'un nouveau danger, et il n'y a pas de raison pour que cela cesse. Et on n'a pas de cure pour tous ces nouveaux maux.

much
détecter

reveal

    Faut-il alors paniquer? Se priver à jamais de steak-frites et d'ailes de poulet? Pas forcément, tout est question de prudence et de modération. Lors de la crise de la vache folle, les politiciens croyaient rassurer les gens en disant: «Il n'y a pas de risques puisque rien n'est prouvé.» C'est la panique assurée! Imaginez qu'on vous dise: «On ne sait pas si la viande peut causer une maladie mortelle», vous cesseriez aussitôt d'en manger. Par contre, on sort tous les jours en voiture, même si les risques sont plus grands de mourir dans un accident provoqué <u>par soi</u> ou par les autres automobilistes, qu'après avoir dégusté un hamburger venant d'une vache peut-être folle.

by oneself

    On sait que le danger existe, mais en le sachant, on a l'impression de diminuer l'incertitude. Par exemple, connaître les effets désastreux du tabac n'empêche pas la plupart de fumer. Et pourtant des milliers de gens meurent chaque année du cancer du poumon! Autre exemple, mais dans le sens contraire, on a récemment annoncé que les <u>tétines</u> et les jouets en plastique <u>mou</u> étaient cancérigènes. Comme les bébés, premiers consommateurs de ces produits, les sucent et les machouillent régulièrement, on les a retirés du marché. Cependant, l'étude sur laquelle se basaient ces affirmations se rapportait à des animaux de laboratoire soumis à des doses très élevées, mais aucune donnée clinique portant sur des cas réels d'enfants contaminés. Il y a ainsi des paradoxes de bon sens et les parents inquiets qui ont supprimé les <u>jouets</u> et <u>sucettes</u> préférés de leurs bambins sont peut-être des parents fumeurs qui multiplient chaque jour les chances de ces mêmes bambins de développer un cancer dans les 30 à 40 ans.

nipples
soft

toys; soothers

    En ce qui concerne les médicaments, les dangers sont hélas plus grands que ceux courus par les suceurs de tétines. Les laboratoires sont tenus de faire des études, et elles sont en général irréprochables. Le problème est qu'on n'étudie à peu près pas l'utilisation réelle qui sera faite de ces médicaments. On ne peut pas en mesurer les effets à long terme ou les effets rares. Les études se déroulent pendant quelques jours ou quelques semaines, et portent sur des gens en bonne santé; or, ces médicaments seront prescrits à des gens plus âgés, des femmes enceintes... Et surtout, ils seront pris par des milliers de personnes, parfois pendant des années. On peut bien dire que tel produit a une chance sur 10 000 d'être cancérigène, mais si on a des milliers de substances dans ce cas, on multiplie de beaucoup les risques d'avoir des ennuis.

La réalité c'est que l'on expose des millions de gens à des milliers de risques, et donc on ne peut que <u>récolter</u> des problèmes par milliers! Les effets secondaires des médicaments représentent de 2 % à 10 % des causes de consultations médicales. C'est la maladie du 20e siècle: on est parvenu à traiter beaucoup de maladies, mais on se retrouve avec de nouvelles situations à gérer. On se rend compte alors que les médicaments et la technologie n'ont pas que de bons côtés.

harvest

Bien que cela résonne comme une évidence redondante, la meilleure défense reste la prévention. Quand on a affaire à un nouveau virus, on ne dispose pas forcément tout de suite de l'antibiotique, mais si l'on sait comment le virus se transmet, on peut prendre des mesures pour éviter une épidémie. C'est la leçon qu'il faut retenir du sida. La découverte du virus VIH n'a pas changé grand-chose au problème épidémique parce que les gens voulaient nier son existence et ses risques bien réels. Le sida est arrivé à une époque où l'écoute des problèmes de santé publique était nulle. De ce point de vue, il nous a peut-être rendu service car il nous a permis de nous rappeler de faire attention. C'est la seule conséquence positive de cette tragédie: aujourd'hui, quand les docteurs disent qu'il y a peut-être une épidémie, ils ont plus de chances d'être écoutés.

— *Adapté de «Virus: l'ère de la peur», de Marie-Claude Ducas, L'actualité, 1er avril 1998.*

EXERCICES SUR LA LECTURE

1 Synonymes *(réponses, p. 143)*

Trouvez dans la colonne B les synonymes des termes de la colonne A. Mettez la lettre correspondant à votre choix dans l'espace qui vous est fourni.

A

1. malade ____
2. usage ____
3. terme ____
4. déceler ____
5. décompter ____
6. accroître ____
7. attaquant ____
8. relation ____
9. paniquer ____
10. provoquer ____

B

a. recenser
b. contact
c. augmenter
d. malsain
e. agresseur
f. emploi
g. découvrir
h. période
i. entraîner
j. prendre peur

2 Le mot juste *(réponses, p. 143)*

Complétez les phrases suivantes avec des mots ou des expressions choisis de la liste qui suit. Faites tout changement grammatical nécessaire.

marcher   machouiller   entente   l'écoute   soucis
ennui   affreux   affronter   se dérouler   rouleau

a. En classe, il est interdit de _____ du chewing-gum ou des bonbons.
b. Le médecin doit toujours être à _____ de ses patients.
c. – Personnellement, je m' _____ toujours beaucoup en classe de français.
d. – Pourtant, l'école t'aide à être mieux armée pour _____ la vie. Même les cours de français!
e. – Peut-être, mais pour moi, l'heure de français me fait l'effet d'un interminable ruban qui n'en finit pas de _____.

3 Moulin à phrases *(à faire corriger)*

Faites des phrases (d'au moins dix mots) illustrant bien le sens des termes suivants.

a. apparaître _____

_____

b. rappeler _____

c. modération _____

d. produits _____

e. sucer _____

exercice 4 — Après la lecture (réponses, p. 143)

Dans la lecture principale, des mots et des expressions ont été soulignés et explicités dans la marge. Certains de ces mots peuvent remplir les espaces vides dans le texte qui suit. À vous de les trouver et d'en comprendre les différents contextes. Faites tout changement grammatical nécessaire.

a. L'instituteur écrit la leçon sur le _____ noir.

b. Le gel et la sécheresse sont les causes principales des mauvaises _____ de raisins dans les vignobles du Bordelais.

c. La qualité du vin dans les mauvaises années _____ de la vulnérabilité des vignerons par rapport au climat.

d. – Je ne connais pas _____ au vin mais je sais reconnaître une bonne année d'une mauvaise.

exercice 5 — Vrai ou faux? (réponses, p. 143)

Indiquez si l'énoncé est vrai (V) ou faux (F) dans l'espace qui vous est fourni.

a. La maladie de la vache folle est un virus sexuellement transmissible. ____

b. Le cancer du poumon est fortement lié à la tabagie. ____

c. Le danger des plastiques mous pour les bébés n'a pas été prouvé sur des cas réels. ____

d. Les laboratoires pharmaceutiques ne sont pas obligés de tester leurs produits. ____

e. Les femmes enceintes ne devraient prendre aucun médicament. ____

exercice 6 — Compréhension (à faire corriger)

Après avoir relu la lecture principale, répondez aux questions suivantes et expliquez votre réponse.

a. Par quoi l'être humain se sent-il menacé? _____

six LA SANTÉ ET L'ENVIRONNEMENT

b. Que sont les bactéries et les virus? En quoi menacent-ils les êtres humains?
___
___

c. Quel est le rôle de la science aujourd'hui? ___
___
___

d. Expliquez l'origine de la maladie de la vache folle. ___
___
___

e. Faut-il devenir complètement végétarien pour se protéger des nouvelles maladies? ___
___
___

f. Quels sont les risques que courent les automobilistes? ___
___
___

g. Fumer est-il plus ou moins dangereux que de sucer des tétines de plastique mou? Expliquez votre réponse. ___
___
___
___

h. Les médicaments sont-ils tous nocifs? ___
___
___

i. Expliquez ce que sont les effets secondaires. ___
___
___

j. Que peut-on faire pour se protéger des virus? ___
___
___

Partie I   Synonymes   (10 × 0.5 = 5 points)

Trouvez dans la colonne B les synonymes des termes de la colonne A. Mettez la lettre correspondant à votre choix dans l'espace qui vous est fourni.

A		B
1. forcément	____	a. apparaître
2. récemment	____	b. entraîner
3. grave	____	c. dernièrement
4. récolter	____	d. produit
5. surgir	____	e. promettre
6. assurer	____	f. obligatoirement
7. prouver	____	g. cesser
8. provoquer	____	h. sérieux
9. substance	____	i. ramasser
10. arrêter	____	j. démontrer

Partie II   Familles de mots   (10 × 0.5 = 5 points)

Complétez le tableau suivant.

verbes	adjectifs/participes	noms
a. _____	b. _____	modération
paniquer		c. _____
d. _____	mortel(le)	e. _____
	f. _____	accident
	fou/folle	g. _____
h. _____		impression
	mou/molle	i. _____
j. _____	inquiet/inquiète	inquiétude

Partie III   Compréhension   (10 × 2 = 20 points)

En vous basant sur la lecture principale de ce chapitre, choisissez l'élément qui complète le mieux le début de phrase qui vous est donné. Mettez la lettre correspondant à votre choix dans l'espace qui vous est fourni.

_____ 1. L'être humain se sent de plus en plus menacé par...

   a. les vaches.

    b. les folles.

    c. les catastrophes en tout genre.

    d. l'énergie nucléaire.

_____ 2. Les risques encourus aujourd'hui sont...

    a. plus grand qu'avant.

    b. plus nombreux qu'avant.

    c. forcément moins grands.

    d. moins nombreux qu'avant.

_____ 3. Ces dernières années on a vu l'apparition de...

    a. 8 000 médicaments de plus.

    b. 8 000 médicaments de moins.

    c. 70 000 médicaments de moins.

    d. 30 médicaments de plus.

_____ 4. Grâce à la médecine...

    a. l'espérance de vie a diminué.

    b. la vie est plus chère.

    c. on vit plus longtemps.

    d. on meurt plus jeune.

_____ 5. Ce que la science fait de mieux c'est...

    a. découvrir ce qui ne va pas.

    b. soigner toutes les maladies.

    c. découvrir des radiations nucléaires.

    d. soigner les vaches folles.

_____ 6. Quand on sort en voiture on risque...

    a. de renverser une vache.

    b. d'écraser un poulet.

    c. d'attraper le sida.

    d. d'avoir un accident.

_____ 7. Le tabac peut provoquer...

    a. un accident.

    b. le cancer du poumon.

    c. la maladie de la vache folle.

    d. la tuberculose.

_____ 8. Les laboratoires sont tenues de...

    a. tester leur médicaments.

    b. prendre des médicaments.

    c. ne pas prendre des médicaments.

    d. vendre des médicaments.

9. Les patients qui prennent de nouveaux médicaments sont exposés à...

   a. des récoltes.
   b. des radiations.
   c. des effets secondaires.
   d. des procès de la part des laboratoires.

10. La leçon que l'on peut retenir du sida c'est...

    a. de ne pas prendre de médicaments.
    b. de ne pas utiliser de préservatifs.
    c. d'être prudent.
    d. de modérer la consommation d'alcool.

Partie IV Travaux sur texte

A Mots superflus   (10 × 0.5 = 5 points)

Dans le texte suivant, des mots qui ne sont pas nécessaires ont été rajoutés. Soulignez les dix mots superflus.

NOTICE D'EMPLOI

Comment prendre les pillules à base de progestatif purgatif:

1. **Lisez bien les présentes absentes instructions** avant de commencer à prendre la pillule bonheur et chaque fois que vous n'êtes pas sûre mûre de savoir quoi faire.

2. **Regardez votre distributeur de 28 billets pillules.** Il y a 21 pillules actives passives (avec une hormone) à prendre chaque jour pendant 21 jours.

3. Consultez également **la notice note du distributeur pour les directives sur 1) où commencer et 2) dans quelle direction continuer (à tourner le cadran solaire).**

   Il est préférable d'utiliser une deuxième méthode de contraception conception pendant les 48 premières heures du premier cycle d'utilisation de la pillule.

4. **Lorsque vous devez recevoir un traitement de faveur médical,** assurez-vous de dire à votre médecin que vous prenez ce médicament.

B Le mot juste   (10 × 1 = 10 points)

Dans le texte suivant, des espaces ont été laissés vides. Trouvez dans la liste ci-dessous les mots qui peuvent compléter le texte. Faites tout changement grammatical nécessaire.

| saignement | plein | retard | corriger | chance |
| enceinte | secondaire | règles | main | auxiliaire |

NOTICE D'EMPLOI (suite)

5. Si vous vous sentez malade, n'arrêtez pas de prendre la pillule; habituellement la situation se (1) _____ d'elle-même. Si la situation ne s'améliore pas, consultez votre médecin ou votre clinique. L'effet (2) _____ le plus habituel des pillules à base de progestatif est un changement dans les (3) _____ menstruels. Vos (4) _____ peuvent survenir plus tard ou plus tôt qu'anticipé et vous pouvez présenter de très légers saignements.

6. Si vous négligez de prendre vos pillules à quelque moment que ce soit, vous courez le risque de tomber (5) _____.

   Vous courez ce risque...

   – lorsque vous commencez un distributeur en (6) _____

   – lorsque vous prenez vos pillules avec plus de 3 heures de retard ou lorsque vous négligez de prendre une ou plusieurs pillules.

7. Assurez-vous d'avoir toujours sous la (7) _____ :

   – une méthode de contraception (8) _____ (condoms en latex et spermicide en mousse ou en gelée)

   – un distributeur de pillules additionnel (9) _____.

   Bonne (10) _____ !

C Compréhension de texte (5 × 1 = 5 points)

Après avoir fait les exercices A et B, vous pouvez reconstituer les deux textes précédents. Répondez alors au questionnaire à choix multiples. Mettez la lettre correspondant à votre choix dans l'espace qui vous est fourni.

_____ 1. Il faut lire les instructions de la notice...

   a. afin de concevoir.

   b. quand on ne sait pas quoi faire.

   c. quand on pratique l'abstinence.

   d. afin de guérir.

_____ 2. Une deuxième méthode de contraception consiste à...

   a. porter un condom en latex.

   b. prendre un bain de mousse.

   c. éviter de concevoir si on oublie une pillule.

   d. prendre une boîte pleine de pillules.

_____ 3. Si vous vous sentez malade c'est que...

   a. vous êtes enceinte.

   b. vous saignez du nez.

   c. vous avez oublié de porter un préservatif.

   d. vous souffrez d'effets secondaires passagers.

_____ 4. Les effets secondaires peuvent être...

   a. des saignements.

   b. une allergie au latex.

c. une allergie au spermicide.

d. un manque de chance.

5. D'après vous cette notice d'emploi se réfère à...

a. un médicament pour la tension.

b. un médicament pour les règles douloureuses.

c. un laxatif anal.

d. un contraceptif oral.

(réponses, p. 143)

Résultat du test
___ × 2 ___
50   100

sept

LE CHÔMAGE

PRISE DE CONSCIENCE

1. Le chômage vous semble-t-il inquiétant?
2. Face à la crise du chômage, quelles solutions proposeriez-vous?
3. Comment envisagez-vous l'avenir au niveau de votre carrière?

TEXTE D'INTRODUCTION

LE MONDE DU TRAVAIL

Le monde du travail est en crise. Pour les jeunes qui arrivent sur le <u>marché du travail</u>, l'avenir est incertain, car trouver un travail et le garder est de plus en plus difficile. — *job market*

5 Même quand on fait de longues études et que l'on a beaucoup de diplômes, on a jamais la garantie de trouver un travail rapidement. Quand on en trouve un, il faut essayer de la conserver en travaillant souvent plus que les autres employés.

10 L'important aujourd'hui est de s'installer dans une position stable, d'avoir un poste pour la vie. Sinon, on risque toujours d'être <u>licencié</u>, ou de ne pas pouvoir — *renvoyé*
renouveler un contrat. Dans ce cas on se retrouve <u>au chômage</u>. — *sans emploi*

15 Le chômage est une situation difficile psychologiquement. On doit accepter d'arrêter de travailler pendant un certain temps, de rester chez soi, d'attendre. Il <u>faut se débrouiller</u> avec moins d'argent, faire des — *arriver à faire quelque chose*
sacrifices. Il faut surtout essayer de retrouver du travail.
20 On doit consulter les offres d'emploi dans le journal ou dans les centres de recherche d'emploi. On doit se préparer pour passer des <u>concours</u> et des entrevues. — *recruitment exams*

La vie d'un chômeur n'est pas du tout reposante. On ne peut pas rester chez soi à ne rien faire quand on est
25 au chômage. Toutes les <u>démarches</u> nécessaires pour — *les procédures*
retourner dans la vie active sont stressantes.

Beaucoup de gens désespèrent de retrouver du travail, et ils sombrent souvent dans la dépression. Ainsi, le chômage peut devenir dangereux pour l'équilibre de quelqu'un, car c'est une situation précaire et très angoissante.

descend

VOCABULAIRE DE BASE

Il y a différentes sortes de métiers:

- **les métiers manuels:** le plombier, le maçon, le bûcheron, le menuisier, le cordonnier, le couvreur, le boulanger, le charcutier, le boucher, le cuisinier, etc.
- **les professions libérales:** le docteur, l'avocat, l'écrivain, le professeur, le banquier, le scientifique, l'ingénieur, l'architecte, etc.

Certains métiers ont encore un nom strictement masculin: le plombier, le camionneur, le maçon, le bûcheron, etc.

D'autres ont encore un nom strictement féminin: la sage-femme, l'hôtesse de l'air, la femme de ménage, etc.

D'autres sont masculins ou féminins: le/la journaliste, le/la secrétaire, le/la bibliothécaire, etc.

STRATÉGIE DE LECTURE

LES FAUX AMIS

Les mots apparentés facilitent la lecture d'un texte français. Il faut néanmoins faire attention aux mots qui, malgré leur ressemblance dans les deux langues, n'ont pas le même sens. On appelle ces termes les «faux amis». Le mot *concours* dans le texte d'introduction ne veut pas dire «*concourse*» mais «*examination*». Le verbe *attendre* ne veut pas dire «*to attend to*» mais «*to wait*». D'autres mots, par contre, peuvent avoir le même sens dans certains contextes mais une ou plusieurs significations supplémentaires qui n'existent pas dans l'autre langue. Ainsi, le mot *addition* peut vouloir dire la même chose que le mot anglais «*addition*», mais en français ce mot signifie aussi ce qu'on paie dans un restaurant.

Exercice pratique

Que signifie les termes suivants en anglais?

1. agréer _____
2. location _____
3. prétendre _____
4. passer un examen _____
5. grade _____
6. drap _____
7. wagon _____
8. monnaie _____

EXERCICES SUR LE VOCABULAIRE

exercice 1 **Vocabulaire en contexte** *(réponses, p. 143)*

Complétez le tableau suivant en utilisant les mots de la liste ci-dessous:

gagner sa vie   un curriculum vitæ   un boulot   chômeur   études

Après les...
  – écoles préparatoires
  – formations
  – apprentissages
  a._____
qui fournissent...
  – des diplômes
  – une expérience
  – un savoir-faire
  – des qualifications
  b._____
on espère trouver rapidement...
  – un travail
  – un emploi
  – un poste
  – une position stable
  c._____
pour pouvoir...
  – faire carrière
  – s'insérer dans la société
  – nourrir sa famille
  d._____
mais sans travail, on est...
  – sans-emploi
  – retraité
  – sans ressource
  – demandeur d'emploi
  e._____.

exercice 2 **Familles de mots** *(réponses, p. 143)*

Complétez le tableau suivant. Consultez le dictionnaire si c'est nécessaire.

verbes	adjectifs/participe	noms
a.	_____	main
b. _____	installé(e)	_____

c.	renouveler	_____	_____
d.		rapide	_____
e.	_____	_____	sacrifice
f.	se reposer	_____	_____
g.	_____	qualifié(e)	_____
h.		_____	difficulté
i.	apprendre		_____
j.	_____	_____	équilibre

Exercice 3 — Synonymes et antonymes

(réponses, p. 144)

I. Trouvez dans la colonne B les synonymes des termes de la colonne A. Mettez la lettre correspondant à votre choix dans l'espace qui vous est fourni.

A		B
1. conserver	___	a. licencier
2. savoir-faire	___	b. retourner
3. énervant	___	c. crise
4. marché	___	d. connaissance
5. revenir	___	e. débrouiller
6. renvoyer	___	f. irritant
7. conflit	___	g. dénicher
8. démêler	___	h. commerce
9. trouver	___	i. précaire
10. fragile	___	j. garder

II. Trouvez dans la colonne B les antonymes des termes de la colonne A. Mettez la lettre correspondant à votre choix dans l'espace qui vous est fourni.

A		B
1. chômer	___	a. incertain
2. jamais	___	b. beaucoup
3. souvent	___	c. reposant
4. peu	___	d. sacrifier
5. trouver	___	e. toujours
6. fatigant	___	f. travailler
7. sûr	___	g. rarement
8. rien	___	h. arriver
9. conserver	___	i. tout
10. partir	___	j. perdre

exercice 4 — Le mot juste   (réponses, p. 144)

Dans le texte d'introduction, des mots et des expressions ont été soulignés et explicités dans la marge. Certains de ces termes peuvent remplir les espaces vides dans le texte qui suit. À vous de les trouver et d'en comprendre les différents contextes. Faites tout changement grammatical nécessaire.

a. – Je suis _____ en droit et je prépare une maîtrise d'économie.

b. – Si tu connais le droit tu vas pouvoir m'aider à _____ toutes les complications de mon procès.

c. – Comment, tu n'as pas encore fait les _____ nécessaires pour trouver un avocat?

d. – Ne prends pas ce ton lugubre! Ce n'est qu'une petite infraction routière, pas une _____ et sinistre affaire de meurtre!

exercice 5 — Sens et contexte   (à faire corriger)

En vous aidant du dictionnaire, expliquez en français le sens des expressions suivantes.

a. en crise _____

b. une situation précaire _____

c. renouveler un contrat _____

d. les offres d'emploi _____

exercice 6 — D'une langue à l'autre   (réponses, p. 144)

Retrouvez dans le texte d'introduction la traduction française des expressions suivantes.

a. *to take a recruitment exam* _____

b. *job interview* _____

c. *to manage to do something* _____

d. *job market* _____

e. *to stay at home* _____

LECTURE PRINCIPALE

LE CHÔMAGE

Le chômage est vu comme une maladie dont le malade est lui-même responsable. C'est comme si on disait à quelqu'un qui souffre d'un cancer du <u>poumon</u>: «Vous n'aviez qu'à pas fumer!» Au sans-travail on lui dirait: «Vous n'aviez qu'à travailler et vous ne seriez pas devenu chômeur!» Maintenant que vous n'avez plus d'emploi, votre présence <u>gêne</u> ceux qui en ont un. Un peu comme les cancéreux <u>mettent mal à l'aise</u> les personnes en bonne santé.

Le phénomène n'est pas nouveau, mais avec le temps, il est devenu plus grave. La *least-cost method* — c'est-à-dire, la production au meilleur prix, comprenant les matières premières et le transport — fait en sorte que votre chemise est <u>taillée</u> et <u>cousue</u> en Corée plutôt qu'au Canada. La *bottom line*, ce qui reste comme profit quand l'objet est <u>livré</u> au marchand, a transformé ces dernières années quelques centaines de milliers de femmes et d'hommes en «demandeurs d'emplois», puisque leurs tâches sont accomplies <u>ailleurs</u>.

Ce terme de «demandeur d'emploi», utilisé dans les statistiques du chômage, cache une réalité dure: il n'y a plus d'emplois. Inutile d'en demander. Il faut plutôt se tourner vers les services sociaux. Dans ce cas, vous recevrez votre chèque de chômage, ou de <u>bien-être social</u>, et on vous le reprochera, car ce sont ceux qui travaillent encore que l'on taxe, et ils aiment cela de moins en moins.

Il est possible de parler du chômage en termes généraux: les emplois qui disparaissent <u>fragilisent</u> nos sociétés industrielles avancées, menacent l'équilibre social, encouragent le crime, découragent les jeunes. Mais quand on a dit cela, on n'a même pas commencé à comprendre ce que le cancer du chômage représente pour quelqu'un en bonne santé. La <u>mise à pied</u>, dans un contexte de crise économique, vous retire de la race des humains. Ne pas avoir d'emploi, dans la merveilleuse société individualiste que nous avons construite, c'est se retrouver du côté des morts-vivants. Y a-t-il une vie après le travail? Tous ces amis avec qui on allait manger le midi, que l'on croisait dans les corridors, qui nous invitaient au café, où sont-ils passés?

Quand vous êtes un chômeur, ou un demandeur d'emploi, tout ce que l'on vous demande c'est votre CV, qui va rejoindre la pile de dizaines d'autres CV que personne ne veut lire. Votre nouvel <u>outil</u>: le téléphone. Vous y passerez la journée, à obtenir un hypothétique rendez-vous.

lung

dérange
rendent inconfortable

cut; sewn

apporté

dans un autre endroit

welfare

rendent plus faible

le renvoi

tool

Au début, le chômage repose. L'esprit se met au travail, mais c'est pour découvrir que plus rien n'est pareil, que la ville que vous habitez n'est qu'un <u>décor</u> dans lequel vous n'avez plus de place. Vous êtes libres de vos heures? Vous vous réfugiez dans les jardins publics. Vous avez tant de temps devant vous que vous ne savez plus l'employer. Vous découvrez peu à peu que vous êtes un chiffre dans les statistiques, qu'il faudrait vous recycler (comme les <u>déchets</u>), mais on ne sait pas en quoi. Vous vivez le scandale de la civilisation technique capitaliste.

Celui qui travaille a droit à des vacances. Celui qui chôme n'a droit qu'à du vide, et devient peu à peu <u>insensible</u>. Il glisse de la <u>déception</u> au désespoir, de la fierté à l'humiliation, à l'indifférence, au mépris de soi.

Il faut faire attention à ce problème, même si on ne se sent pas directement concerné. Le regard que nous portons sur les chômeurs, c'est sur nous-mêmes que nous le posons. Nous sommes tous des demandeurs d'emploi <u>virtuels</u> dans la merveilleuse société interactive de l'économie globale.

— Adapté de «Nous sommes tous des chômeurs virtuels» de Jacques Godbout, dans L'actualité, janvier 1994.

décor — setting
déchets — waste products
insensible; déception — insensitive; disappointment
virtuels — éventuels

EXERCICES SUR LA LECTURE

Exercice 1 Synonymes (réponses, p. 144)

Trouvez dans la colonne B les synonymes des termes de la colonne A. Mettez la lettre correspondant à votre choix dans l'espace qui vous est fourni.

A		B
1. livrer	____	a. profiter
2. souffrir	____	b. vide
3. bénéficier	____	c. remettre
4. néant	____	d. croiser
5. rencontrer	____	e. supporter

exercice 2 — Le mot juste

(réponses, p. 144)

Complétez les phrases suivantes avec des mots ou des expressions choisis de la liste qui suit. Faites tout changement grammatical nécessaire.

pantalon   chemise   veste   encore   boucler
merveilleux   croiser   vivre   libre

a. Pour te présenter à ton entretien d'embauche, tu dois porter une _____ blanche et une cravate.

b. Je pensais porter mon veston gris qui se _____ sur le devant. Qu'en penses-tu?

c. Tu es _____ de t'habiller comme tu veux, mais fais attention à être propre et classique.

d. On verra. Ce serait _____ si j'obtenais cet emploi du premier coup!

e. Ce n'est pas _____ demain la veille!

exercice 3 — Antonymes

(réponses, p. 144)

Trouvez dans la colonne B les antonymes des termes de la colonne A. Mettez la lettre correspondant à votre choix dans l'espace qui vous est fourni.

A		B
1. sain	___	a. fierté
2. cacher	___	b. mépris
3. menacer	___	c. meilleur
4. honte	___	d. malade
5. dur	___	e. merveilleux
6. droite	___	f. montrer
7. respect	___	g. mou
8. ailleurs	___	h. rassurer
9. atroce	___	i. gauche
10. pire	___	j. ici

exercice 4 — Moulin à phrases

(à faire corriger)

Faites des phrases (d'au moins dix mots) illustrant bien le sens des termes suivants.

a. mettre mal à l'aise _____

_____

b. de plus en plus _____

_____

sept   LE CHÔMAGE

c. passer la journée _____

exercice 5 Après la lecture   (réponses, p. 144)

Dans la lecture principale des mots et des expressions ont été soulignés et explicités dans la marge. Certains de ces termes peuvent remplir les espaces vides dans le texte qui suit. À vous de les trouver et d'en comprendre les différents contextes. Faites tout changement grammatical nécessaire.

a. – J'aime le _____ de ton jardin. Est-ce toi qui as fait tout le travail?

b. – En partie oui. Je me suis fait _____ les grosses pierres et le bassin mais j'ai planté tout le jardin.

c. – Je ne te savais pas si habile avec des _____. Toi qui est l'intellectuelle de la famille!

d. – C'est vrai mais je me détends beaucoup en travaillant mon jardin et les plantes ne me _____ pas, au contraire de la famille!

exercice 6 Explications   (à faire corriger)

En vous aidant de la lecture principale et éventuellement d'un dictionnaire, répondez aux questions suivantes.

a. Qu'est-ce qu'un jardin public? _____
_____
_____

b. De quoi souffre un cancéreux? _____
_____
_____

c. Qu'est-ce que la matière première? _____
_____
_____

d. Dans quelle partie du corps se trouve le poumon? _____
_____
_____

e. Que peut-on fumer? _____
_____
_____

exercice

7 Vrai ou faux? *(réponses, p. 144)*

Indiquez dans l'espace qui vous est fourni si l'énoncé est vrai (V) ou faux (F).

a. Le chômage est très bien accepté par la société. _____

b. La disparition d'emplois rend nos sociétés plus faibles. _____

c. Quand on est au chômage, on gagne plus d'argent qu'avant. _____

d. Il faut apprendre à se servir beaucoup du téléphone quand on cherche du travail. _____

e. Quand on est au chômage, on a droit à des vacances. _____

exercice

8 Compréhension *(à faire corriger)*

Après avoir relu la lecture principale, répondez aux questions suivantes. Expliquez votre réponse.

a. À quelle maladie l'auteur compare-t-il le chômage? _____

b. Qu'est-ce que la «least-cost method»? _____

c. Qu'est-ce que la «bottom line»? _____

d. Pourquoi le terme de «demandeur d'emploi» est-il critiqué par l'auteur? _____

e. Quelles sont les conséquences de la disparition des emplois? _____

f. D'après le texte, la vie est-elle différente quand on n'a plus de travail? Expliquez.

g. Est-il difficile de retrouver du travail? Pourquoi? _____

h. Que faites-on pour retrouver du travail? _____

i. Le chômage vous semble-t-il facile à vivre au début? Au bout d'un certain temps?

j. Les chômeurs sont-ils bien acceptés par la société? Pourquoi?

Partie I   Familles de mots   (10 × 0.5 = 5 points)

Complétez le tableau suivant.

verbes	adjectifs/participes	noms
travailler	a. _____	b. _____
	c. _____	difficulté
chômer		d. _____
e. _____		apprentissage
sacrifier		f. _____
g. _____	garanti(e)	h. _____
expérimenter		i. _____
	j. _____	stress

Partie II   Synonymes   (10 × 0.5 = 5 points)

Trouvez dans la colonne B les synonymes des termes de la colonne A. Mettez la lettre correspondant à votre choix dans l'espace qui vous est fourni.

A		B
1. voir	____	a. ailleurs
2. porter	____	b. bien-être
3. gêner	____	c. déchet
4. autre part	____	d. soutenir
5. limite	____	e. demander
6. comprendre	____	f. visionner
7. détritus	____	g. borne
8. réclamer	____	h. début
9. aise	____	i. ennuyer
10. commencement	____	j. saisir

Partie III   Compréhension   (10 × 2 = 20 points)

En vous basant sur la lecture principale de ce chapitre, choisissez l'élément qui complète le mieux le début de phrase qui vous est donné. Mettez la lettre correspondant à votre choix dans l'espace qui vous est fourni.

_____ 1. Dans l'ensemble, le chômage est perçu…

   a. assez bien.

   b. assez mal.

   c. avec indifférence.

   d. comme un mal nécessaire.

_____ 2. Les cancéreux et les chômeurs mettent les gens…

   a. mal à l'aise.

   b. à l'aise.

   c. en confiance.

   d. sur la défensive.

_____ 3. La production au meilleur prix est pratiquée…

   a. pour créer de nouveaux emplois.

   b. pour faire de meilleures chemises.

   c. pour économiser de l'argent aux industries.

   d. pour faire perdre de l'argent aux industries.

_____ 4. La production au meilleur prix a apporté…

   a. plus d'emplois.

   b. plus de chemises.

   c. plus d'entreprises.

   d. plus de demandeurs d'emplois.

_____ 5. La réalité c'est que…

   a. il y a plus de marchandises.

   b. il y a plus d'emplois.

   c. il n'y a plus d'emplois.

   d. il y a trop d'emplois.

_____ 6. Être au chômage signifie…

   a. retrouver sa dignité.

   b. être rejeté par la société.

   c. être mieux accepté par la société.

   d. faire partie d'une nouvelle société.

_____ 7. Quand on est au chômage, on a…

   a. plus d'amis.

   b. plus de vacances.

   c. plus d'argent.

d. plus de temps libre.

8. Pour retrouver du travail, il faut se servir beaucoup…

a. du téléphone.

b. de la radio.

c. de la télévision.

d. des taxis.

9. Quand on envoie son CV, on est sûr qu'il sera…

a. lu immédiatement.

b. réécrit.

c. mis en attente avec les autres.

d. mis à la poubelle.

10. Pour trouver un nouveau travail, il faut…

a. acheter une bicyclette.

b. se recycler.

c. ramasser les déchets.

d. changer de coiffure.

Partie IV   Travaux sur texte

A Le mot juste   (10 × 1 = 10 points)

Dans le texte suivant, des espaces ont été laissés vides. Trouvez dans la liste ci-dessous les mots qui peuvent compléter le texte. Faites tout changement grammatical nécessaire.

| condition | licencier | offre | rester | chercher |
| chômage | emploi | temps | patron | avenir |

RECETTE POUR RETROUVER DU TRAVAIL

Vous venez de quitter votre (1) _____ , ou on vous a (2) _____ , votre contrat s'est terminé, vous ne supportiez plus votre (3) _____ — bref, vous êtes maintenant au (4) _____. Après la période de repos, ou de profonde dépression, vous ne supportez plus de (5) _____ chez vous, vous ne savez pas quoi faire de votre (6) _____ libre, vous avez peur d'affronter l'(7) _____ sans travail, donc vous décidez de (8) _____ un nouveau boulot. Avant de sélectionner les (9) _____ d'emploi dans le journal, il faut vous mettre en (10) _____ physique.

B Mots superflus   (10 × 0.5 = 5 points)

Dans le texte suivant, des mots qui ne sont pas nécessaires ont été rajoutés. Soulignez les dix mots superflus.

RECETTE POUR RETROUVER DU TRAVAIL (suite)

Il faut d'abord mettre à jour nuit votre CV. Ensuite rajoutez de nouvelles expériences professionnelles rouges, peut-être mal de nouveaux diplômes papier. Préparez-vous maquillage psychologiquement à affronter les entrevues pour votre candidature président. Postulez un maximum de postes. Attendez-vous gare à attendre, souvent très longtemps. Et surtout pourquoi, et c'est le plus égal difficile: ne pas désespérer échec.

C Compréhension de texte (5 × 1 = 5 points)

Après avoir fait les exercices A et B, vous pouvez reconstituer le texte précédent avec ses deux parties. Répondez alors au questionnaire à choix multiples. Mettez la lettre correspondant à votre choix dans l'espace qui vous est fourni.

_____ 1. Vous êtes au chômage parce que…
   a. vous avez trouvé un nouvel emploi.
   b. vous aimez un nouveau patron.
   c. vous avez quitté votre travail.
   d. votre contrat a été renouvelé.

_____ 2. Vous avez…
   a. beaucoup de temps libre et ça vous plaît…
   b. peur d'affronter l'avenir sans travail.
   c. peur d'affronter l'avenir sans votre temps libre.
   d. peur d'affronter un nouveau patron.

_____ 3. Pour retrouver du travail, vous devez d'abord…
   a. jeter votre CV.
   b. enlever des éléments de votre CV.
   c. compléter votre CV.
   d. emprunter le CV de quelqu'un d'autre.

_____ 4. Vous trouverez des offres d'emploi…
   a. à la télévision.
   b. au cinéma.
   c. dans le métro.
   d. dans le journal.

_____ 5. Ce qui est important c'est…
   a. de garder espoir.
   b. de désespérer.
   c. d'espérer une augmentation.
   d. d'espérer rencontrer un nouveau patron.

(réponses, p. 144)

Résultat du test
__ × 2 __
50   100

sept LE CHÔMAGE **99**

huit

LE DICTIONNAIRE ET LA LANGUE FRANÇAISE

PRISE DE CONSCIENCE

1. Vous servez-vous souvent du dictionnaire? À quelle occasion?
2. Que pensez-vous de l'invasion de l'anglais dans la langue française?
3. Comment comprenez-vous l'attitude protectionniste des Québécois face à cette invasion?

TEXTE D'INTRODUCTION

L'UTILITÉ DU DICTIONNAIRE

Pour s'exprimer sans difficulté, ou pour apprendre une autre langue, on a souvent besoin d'un dictionnaire, unilingue ou bilingue. On peut vérifier l'<u>orthographe</u> d'un mot, savoir si c'est un nom, un verbe, ou un adjec-
5 tif, et s'il a des synonymes ou des sens différents, selon le contexte.

    Le dictionnaire sert aussi à expliquer l'origine des mots. Le français est une <u>langue romane</u> qui a pour <u>racine</u> le latin. Mais on trouve également beaucoup de
10 termes provenant d'autres langues dans le vocabulaire français. Il y a parfois des mots anglais en français, et des mots français en anglais. Cela facilite un peu l'apprentissage de ces deux langues.

    Il faut toujours faire attention à la <u>syntaxe</u> et à la
15 grammaire pour éviter de faire des erreurs comme les <u>contre-sens</u> ou les <u>lapsus</u>. C'est pourquoi l'utilisation du dictionnaire sert à se corriger quand on parle et quand on écrit.

spelling

Romance language
source

l'ordre des mots

mauvaises interprétations; slips

VOCABULAIRE DE BASE

- **étymologie:** racine, origine des mots
- **synonyme:** même sens, équivalent
- **antonyme:** opposé, contraire
- **homonymes:** homographe – même orthographe, sens différent
  homophone – même son, sens différent
- **consulter un dictionnaire:** chercher un mot dans le dictionnaire
- **erreur:** faute
- **emploi:** usage (par exemple, du dictionnaire)

STRATÉGIE DE LECTURE

LES MOTS APPARENTÉS (suite du chapitre 1)

Les mots français d'origine latine et grecque se retrouvent souvent dans le vocabulaire anglais, mais parfois l'écriture d'origine d'un mot a évolué en français, alors qu'elle est restée la même en anglais. Par exemple, «*hospital*» est devenu *hôpital*, «*master*» est devenu *maître*. Le *s* d'origine a été remplacé par un accent circonflexe et le *er* s'est transformé en *re*.

D'autres langues ont fourni au français et à l'anglais un grand nombre de mots apparentés. Par exemple, l'allemand nous a donné valse («*waltz*»), l'arabe algèbre («*algebra*»), le turc chacal («*jackal*»), pour n'en citer que quelques-uns.

Exercice pratique

Donnez l'équivalent anglais des mots suivants.

a. dictionnaire _____ d. alcool _____

b. bilingue _____ e. difficulté _____

c. vocabulaire _____

EXERCICES SUR LE VOCABULAIRE

exercice 1 **Vocabulaire en contexte** *(réponses, p. 144)*

Complétez le tableau suivant en utilisant les mots de la liste ci-dessous:

bilingue   d'orthographe   chercher   une expression   communiquer

Quand on désire…
- parler
- s'exprimer
- écrire

a. _____

dans sa propre langue ou dans une autre, on consulte un dictionnaire…
- unilingue
- des synonymes
- des homonymes
- des difficultés de la langue française
- d'étymologie

b. _____

pour éviter de faire des erreurs…
- de langue
- de prononciation
- de syntaxe
- de grammaire
- de contre-sens

c. _____

et afin de…
- s'assurer du bon emploi d'un mot.
- trouver des synonymes.
- vérifier le sens d'un terme.

d. _____ .

exercice 2 Familles de mots (réponses, p. 144)

Complétez le tableau suivant. Consultez le dictionnaire si c'est nécessaire.

	verbes	adjectifs/participes	noms
a.	parler	_____	_____
b.	écrire		_____
c.	_____		orthographe
d.	_____	_____	prononciation
e.		_____	vérité
f.	_____	facile	_____
g.	_____	pénalisé(e)	_____
h.	_____		apprentissage
i.		_____	grammaire
j.		_____	difficulté

exercice 3 — Mots retrouvés *(réponses, p. 144)*

D'après les définitions ci-dessous, retrouvez dans le texte d'introduction les termes correspondants.

a. point de départ _____

b. rendre meilleur en supprimant les fautes _____

c. faire en sorte de ne pas rencontrer, de ne pas faire _____

d. ensemble du texte qui entoure un élément de la langue _____

e. qui est en deux langues _____

exercice 4 — Après la lecture *(réponses, p. 144)*

Dans le texte d'introduction, des mots et des expressions ont été soulignés et explicités dans la marge. Certains de ces termes peuvent remplir les espaces vides dans le texte qui suit. À vous de les trouver et d'en comprendre les différents contextes. Faites tout changement grammatical nécessaire.

a. La dictée est un exercice classique pour tester _____ dans le contexte.

b. Cet arbre a des _____ profondes.

c. — J'ai souvent tendance à faire des _____ révélateurs quand je parle de Jacques.

d. — N'as-tu pas peur qu'il interprète tes propos comme une déclaration d'amour? Jacques et l'amour — tu parles d'un _____ !

exercice 5 — Sens et contexte *(à faire corriger)*

En vous aidant du dictionnaire, expliquez en français le sens des mots suivants.

a. s'exprimer _____

b. vérifier _____

c. faciliter _____

d. utilisation _____

e. racine _____

f. apprentissage _____

exercice 6 Phrases à pièges   *(à faire corriger)*

Corrigez les phrases suivantes pour qu'elles retrouvent un sens logique.

a. Pour parler, on a besoin d'un crayon et d'une feuille de papier. _____
_____

b. Dans le dictionnaire unilingue, on trouve toujours deux langues. _____
_____

c. Un contre-sens est une faute de prononciation. _____
_____

d. La grammaire est utile pour apprendre les mathématiques. _____
_____

e. Le synonyme d'un mot est toujours son contraire. _____
_____

f. Vert et vers sont des homographes. _____
_____

g. *Président* (nom) et *président* (verbe *présider*) sont des homophones. _____
_____

LECTURE PRINCIPALE

LE FRANGLAIS ET LE DICTIONNAIRE

Prenez la défnition du mot *édredon*, par exemple. Il vient de l'anglais «*eiderdown*»: «*duvet de l'eider*». Si on l'utilise au Québec, serons-nous pénalisés pour avoir employé un mot d'origine anglaise en français? En
5 France, le problème du «franglais» n'a pas la même importance qu'au Canada, et pourtant le gouvernement tente de le contrôler. Depuis 1539, où on imposa le français dans les <u>arrêts</u> de justice, l'État <u>édicte</u> des   décisions; *enacts*
décrets et règlements en séparant les mots d'origine
10 strictement française des <u>néologismes</u>. Malgré cela,   les nouveaux mots
10 000 mots nouveaux tentent chaque année d'envahir la langue de Molière, la plupart étant des mots d'origine anglaise.

Le «franglais» est du français mélangé à du vocabu-
15 laire anglais. Paradoxalement, c'est en France que l'on trouve le plus de termes anglais ou américains dans le langage quotidien, ou dans les techniques nouvelles en provenance des États-Unis. En effet, les Québécois sont beaucoup plus protectionnistes à l'égard de leur langue
20 que ne le sont les Français de France. Il est vrai que les

Québécois sont au milieu d'un pays anglophone, et ils doivent sans cesse lutter contre l'assimilation culturelle par le Canada anglais ou les États-Unis. [combattre]

En conséquence, le français parlé au Québec est souvent plus «pur» que celui parlé en France. En France, on se réunit dans un *meeting*, au Québec on a encore des *réunions*. Tous les Français partent en *week-end*, mangent du *chewing-gum* et des *chips*, jouent au *basketball*, alors que les Québécois parlent de *fin de semaine*, de *machouilleur*, de *croustilles* et de *ballon-panier*. Les Français semblent accepter assez facilement l'invasion progressive de l'anglais dans leur vocabulaire. On peut même parler de mode en ce qui concerne les jeunes, qui trouvent «cool» de s'exprimer en franglais. [whereas]

On ne peut pas en dire autant des Anglais et des Américains, qui critiquent l'échange traditionnel de termes entre nos pays, et qui sont contre la présence de mots français dans le vocabulaire anglais. La réciprocité ne joue pas en faveur du français, et le franglais n'a pas d'équivalent anglophone. Seuls certains domaines comme la restauration et la mode conservent un vocabulaire francophone, ce qui est plutôt limité aux clichés que les Anglais et les Américains ont du français. Par ailleurs, ces mêmes anglophones continuent d'inonder les pays non-anglophones de termes qui pourraient être traduits, mais qui demeurent souvent en anglais et deviennent courants dans les autres langues. [as much] [le domaine des restaurants]

Voilà pourquoi on doit changer souvent le contenu du *Dictionnaire de la langue française* en France. Ceux qui sont chargés de cette tâche sont les membres de l'Académie française, qui se réunissent chaque année pour réviser et corriger le dictionnaire. Présenté à Louis XIV, le 24 août 1694, le *Dictionnaire* vient de fêter son tricentenaire. Il en est à sa neuvième édition, qui semble toujours aussi attrayante. Les Académiciens font la guerre au franglais qui a envahi la langue, essayant de rendre celle-ci «pure, éloquente et capable de traiter les arts et les sciences». En général, on ne fait place aux mots étrangers que s'ils sont vraiment installés dans l'usage et qu'il n'existe pas déjà un mot véritablement français pour désigner le terme. [célébrer]

Des siècles d'activité ont été nécessaires pour aider la France à définir sa langue nationale. Non sans difficulté. Au début c'était le latin, qui est à l'origine du français, que l'on trouvait dans les textes écrits. Le français ne se trouvait dans les dictionnaires que sous forme de traduction. La «Deffence et illustration de la langue française» de Du Bellay a revendiqué en 1549 la dignité du français par rapport aux autres langues. [reclaimed]

> 75 Aujourd'hui le *Dictionnaire* est de plus en plus utilisé, mais si on y trouve encore une majorité de mots français, on ne peut ignorer le nombre <u>croissant</u> de termes étrangers, en grande majorité anglais.
>
> de plus en plus grand
>
> — *Adapté de "Les greffiers du bon usage», de Anne Pons, dans* L'Express, *16 juin 1994.*

EXERCICES SUR LA LECTURE

1 Synonymes (réponses, p. 144)

Trouvez dans la colonne B les synonymes des termes de la colonne A. Mettez la lettre correspondant à votre choix dans l'espace qui vous est fourni.

A		B
1. erreur	___	a. teneur
2. provenance	___	b. réunion
3. mode	___	c. inonder
4. contenu	___	d. origine
5. attrayant	___	e. consulter
6. besoin	___	f. faute
7. rassemblement	___	g. terme
8. interroger	___	h. nécessité
9. submerger	___	i. vogue
10. mot	___	j. agréable

2 Le mot juste (réponses, p. 144)

Complétez les phrases suivantes avec des mots ou des expressions choisis de la liste qui suit. Faites tout changement grammatical nécessaire.

| abolir | envahir | demeurer | maisonnée | quotidien |
| journal | croustille | craquant | imonde | inonder |

a. Les mauvaises herbes ont _____ ces champs.

b. Les meilleures fritures sont les plus _____.

c. Manger des fritures de temps en temps, et en modération, fait un bon changement du _____.

d. Avant les mauvaises herbes, c'était une _____ qui avait complètement détrempé ce champs, le rendant impossible à cultiver.

e. Le rapport entre la friture et les champs agricoles est un mystère qui _____ entier!

exercice 3 Corrections (à faire corriger)

Les éléments suivants sont tirés du texte. Êtes-vous d'accord avec la définition donnée? Si oui, indiquez «d'accord». Si non, relisez le texte et donner votre propre définition en vous basant sur votre compréhension.

a. «En conséquence» veut dire «malgré». _____

b. «La fin de semaine» veut dire «du lundi au vendredi». _____

c. «La réciprocité ne joue pas en faveur du français» veut dire «Les anglais préfèrent utiliser le français». _____

d. «On ne peut pas en dire autant» veut dire «on peut dire la même chose à ce sujet». _____

e. «Sont chargés d'étudier» veut dire «n'ont pas la responsabilité d'étudier». _____

f. «Qui n'a pas cours» veut dire «qui n'est pas utilisé». _____

exercice 4 Après la lecture (réponses, p. 144)

Dans la lecture principale des mots et des expressions ont été soulignés et explicités dans la marge. Certains de ces termes peuvent remplir les espaces vides dans le texte qui suit. À vous de les trouver et d'en comprendre les différents contextes. Faites tout changement grammatical nécessaire.

a. – Je vais _____ la réussite de mes examens au champagne.

b. – Il faut toujours ralentir et faire attention quand on passe près d'un _____ d'autobus.

c. – La _____ grecque est une discipline au programme des jeux olympiques.

d. – _____ *en emporte le vent* est mon film préféré car j'adore Vivien Leigh.

huit LE DICTIONNAIRE ET LA LANGUE FRANÇAISE **107**

exercice 5 Vrai ou faux? *(réponses, p. 144)*

Indiquez dans l'espace qui vous est fourni si l'énoncé est vrai (V) ou faux (F).

a. Le mot édredon vient du latin. _____

b. Les Français parlent de plus en plus l'anglais. _____

c. Les Américains et les Anglais sont contre l'invasion de leur langue par des mots étrangers. _____

d. Louis XIV a rédigé le *Dictionnaire de la langue française*. _____

e. Le latin est à l'origine du français. _____

exercice 6 Compréhension *(à faire corriger)*

Après avoir relu la lecture principale, répondez aux questions suivantes.

a. Qu'est-ce qu'un néologisme? _____
_____
_____

b. Les Français acceptent-ils d'utiliser tous les mots d'origine étrangère qui envahissent leur langue? Pourquoi? _____
_____
_____

c. Qu'est-ce que le «franglais»? _____
_____
_____

d. Quelle est l'attitude des Québécois par rapport au «franglais»? Expliquez. _____
_____
_____

e. Comment joue-t-on au ballon-panier? _____
_____
_____

f. Quelle est l'attitude des anglophones par rapport aux emprunts entre le français et l'anglais?
_____
_____

g. Quel âge a l'Académie française?
_____
_____

h. Pourquoi doit-on souvent changer le contenu du *Dictionnaire de la langue française*?
_____
_____

i. Combien de temps a-t-il fallu à l'Académie française pour définir la langue française?
_____
_____

j. D'où le français tient-il son origine?
_____
_____

Partie I   Familles de mots   *(10 × 0.5 = 5 points)*

Complétez le tableau suivant.

verbes	adjectifs/participes	noms
a. _____		édition
exprimer	b. _____	c. _____
d. _____	écrit(e)	e. _____
	grammatical(e)	f. _____
g. _____		apprentissage
h. _____		prononciation
essayer		i. _____
j. _____		parole

Partie II   Synonymes   *(10 × 0.5 = 5 points)*

Trouvez dans la colonne B les synonymes des termes de la colonne A. Mettez la lettre correspondant à votre choix dans l'espace qui vous est fourni.

	A			B
1.	pénaliser	____	a.	regretter
2.	réviser	____	b.	dignité
3.	sens	____	c.	corriger
4.	fin	____	d.	conserver
5.	demeurer	____	e.	signification
6.	fierté	____	f.	revoir
7.	guerre	____	g.	rester
8.	rectifier	____	h.	terminaison
9.	se repentir	____	i.	lutte
10.	garder	____	j.	punir

Partie III   Compréhension   (10 × 2 = 20 points)

En vous basant sur la lecture principale de ce chapitre, choisissez l'élément qui complète le mieux le début de phrase qui vous est donné. Mettez la lettre correspondant à votre choix dans l'espace qui vous est fourni.

_____ 1. Par rapport au français, les Québécois sont...

   a. indifférents.

   b. protectionnistes.

   c. flexibles.

   d. multiculturels.

_____ 2. Le «franglais» est...

   a. de l'anglais avec des mots français.

   b. de l'américain avec des mots français.

   c. du français avec des mots québécois.

   d. du français avec des mots anglais.

_____ 3. Les Américains et les Anglais...

   a. sont pour les mots français dans la langue anglaise.

   b. sont contre les emprunts entre les deux langues.

   c. disent que l'anglais est à l'origine du français.

   d. refusent d'apprendre le français.

_____ 4. Une croustille est...

   a. une chip.

   b. de l'huile solaire.

   c. une frite.

   d. un bijou.

_____ 5. L'Académie française est chargée de...

   a. publier des guides touristiques.

   b. corriger les romans des Français.

   c. combattre la langue anglaise.

   d. réviser le *Dictionnaire* régulièrement.

_____ 6. Les Québécois ont intérêt à protéger leur culture et leur langue car...

   a. ils risquent d'être assimilés par les Français.

   b. ils sont entourés par des anglophones.

   c. ils sont entourés par des francophones.

   d. ils sont entourés par des hispanophones.

_____ 7. Pour définir la langue française, on a mis...

   a. cent ans.

   b. trois ans.

   c. des siècles.

   d. un an.

_____ 8. Le français parlé au Québec est...

a. moins correct qu'en France.
b. plus pur qu'en Angleterre.
c. plus proche du «franglais».
d. parfois plus pur qu'en France.

_____ 9. Les Académiciens tentent de…
a. favoriser le «franglais».
b. lutter contre le «franglais».
c. améliorer le «franglais».
d. corriger l'anglais.

_____ 10. Le français a pour racine…
a. l'anglais.
b. le grec.
c. l'espagnol.
d. le latin.

Partie IV   Travaux sur texte

A   Le mot juste   (10 × 1 = 10 points)

Dans le texte suivant, des espaces ont été laissés vides. Trouvez dans la liste ci-dessous les mots qui peuvent compléter le texte. Faites tout changement grammatical nécessaire.

texte	volume	notation	paraître	ordinateur
orthographe	contenir	concevoir	lecteur	éditeur

LE ROBERT ÉLECTRONIQUE

Le Dictionnaire de l'Académie (1) _____ en 1694, et (2) _____ 18 000 mots. Avec le Grand Robert, nous en sommes à 100 000, qui sont répartis sur les 18 000 colonnes de (3) _____ emplissant neuf gros (4) _____ de l'ouvrage. Sur cette base difficile à utiliser, l'(5) _____ a eu beaucoup de travail pour publier un nouvel exemplaire. Il a (6) _____ un disque compact CD-ROM permettant au (7) _____ de comprendre et de trouver très vite toutes les informations qu'il recherche. Grâce à l'invention de l'(8) _____, il suffit maintenant de taper sur les touches d'un clavier pour avoir l'(9) _____ d'un mot. Le principe est basé sur la (10) _____ phonétique des mots. Par exemple, si vous tapez «*haoe dreux don*» sur votre ordinateur, il retrouvera «édredon».

— *Adapté de «Les greffiers du bon usage», de Anne Pons, dans* L'Express, *16 juin 1994.*

B   Mots superflus   (10 × 0.5 = 5 points)

Dans le texte suivant, des mots qui ne sont pas nécessaires ont été rajoutés. Soulignez les dix expressions ou mots superflus.

LE ROBERT ÉLECTRONIQUE (suite)

Utiliser un lave-vaisselle ordinateur comme dictionnaire n'est pas difficile. Le Robert électronique à vapeur est capable d'aider l'utilisateur en simplifiant les détails en gros utiles. Il complète la citation dont vous n'avez que la première fin partie ou juste le nom de l'auteur. Il vous permet deux de copier oublier ces renseignements et de les insérer dans votre bravo document de travail forcé. Maintenant l'Éducation nationale, les ministres, les députés, les chiens, utilisent tous le Robert électonique bleu.

C Compréhension de texte (5 × 1 = 5 points)

Après avoir fait les exercices A et B, vous pouvez reconstituer le texte précédent avec ses deux parties. Répondez alors au questionnaire à choix multiples. Mettez la lettre correspondant à votre choix dans l'espace qui vous est fourni.

_____ 1. Le dictionnaire paru en 1694…
   a. contenait 100 000 mots.
   b. contenait 18 000 mots.
   c. contenait 9 mots.
   d. ne contenait pas de mots.

_____ 2. Aujourd'hui le dictionnaire Grand Robert a…
   a. 1 volume.
   b. 18 000 volumes.
   c. 1 000 volumes.
   d. 9 volumes.

_____ 3. L'éditeur du nouveau dictionnaire sur ordinateur a conçu…
   a. un livre avec plus d'images.
   b. une cassette vidéo.
   c. un disque compact.
   d. une cassette audio.

_____ 4. Le principe du dictionnaire sur CD-ROM se base sur la notation…
   a. phonétique.
   b. alphabétique.
   c. numérique.
   d. étymologique.

_____ 5. L'Éducation nationale…
   a. refuse d'utiliser un ordinateur.
   b. utilise de plus en plus de livres.
   c. utilise de plus en plus d'ordinateurs.
   d. a décidé de faire des économies.

(réponses, p. 144)

Résultat du test
__ × 2 ___
50   100

LE CANADA MULTICULTUREL

PRISE DE CONSCIENCE

1. Avez-vous déjà visité un autre pays que le Canada? Quelles sont les différences et les ressemblances que vous avez pu constater?
2. Comment pensez-vous que les Canadiens sont perçus par le reste du monde?
3. Quelles sont, pour vous, les particularités du Canada?

TEXTE D'INTRODUCTION

LES FRANÇAIS HORS DE FRANCE

Tout le monde connaît la célèbre phrase de Jeanne D'Arc qui voulait «<u>Bouter</u> les Anglois hors de France», ce qu'elle fit et le paya d'ailleurs de sa vie. Pour les Français, les Anglais sont les ennemis de la première heure, les insulaires insécurisés qui ne rêvent que d'une chose: envahir les tendres pâturages de France.

Quand ils parlent de l'Angleterre, les Français pensent à la «perfide Albion», à la <u>sournoiserie</u> légendaire de leurs voisins anglo-saxons qui sont réputés froids et insensibles, et surtout violents et <u>sans-goût</u>, du genre «hooligans», si vous préférez. De leur côté, les Anglais ne voient pas les Français <u>sous un meilleur jour</u>. Pour eux, les anciens Gaulois sont un peuple de créatures frivoles et alcooliques, ne pensant qu'à la débauche et à la nourriture, <u>râleurs</u> et instables par-dessus le marché.

Ces clichés <u>ont la vie dure</u>, même aujourd'hui, à l'heure de l'Europe unifiée. Pourtant, l'histoire de haine entre la France et l'Angleterre est aussi, comme dans tous les couples passionnés, une grande histoire d'amour. Ces deux pays, si proches et si différents, ont toujours entretenu des relations étroites. La Bretagne, par exemple, est par son nom même et par sa proximité, la petite sœur de la Grande-Bretagne. Si <u>vous</u>

chasser

deceitfulness

tasteless

in a better light

always complaining

are persistent

25 vous promenez sur les côtes bretonnes vous risquez d'apercevoir les contours de la grande île par beau-temps, et peut-être même verrez-vous les pêcheurs et les petits marchands d'oignons français qui font régulièrement la navette entre les deux pays.

to take a walk

that come and go

30 Mais la France et l'Angleterre se sont affrontées ailleurs que sur leur sol, et leur perte à chacun fut grande. De leurs disputes coloniales par exemple est né un Québec orphelin qui n'en finit pas de se poser des questions sur sa véritable place dans un pays dont la 35 reine d'Angleterre demeure la tête symbolique: le Canada Anglais.

loss

VOCABULAIRE DE BASE

L'antagonisme peut naître entre deux peuples, nations, pays, provinces, états, départements, contrées, régions, villes, village, races, ethnies, cultures, civilisations, ou langues.

Dans le meilleurs des cas on peut arriver à une entente, un compromis, un pacte, des concessions, ou un traité de paix.

Mais dans le pire c'est la mésentente, les frictions, les querelles, les insurrections, les attaques, les offensives, les batailles, la guerre.

STRATÉGIE DE LECTURE

LES HOMONYMES

Les homonymes sont des mots qui s'écrivent ou se prononcent de façon identique sans avoir la même signification. Dans les homonymes, on peut distinguer deux catégories de mots: les homographes, qui ont une orthographe identique mais ne se prononce pas toujours de la même façon (par exemple, l'adjectif *différent* dans le sens de «pas le même»; le verbe *différer* conjugué à la troisième personne du pluriel de l'indicatif présent: *ils/elles diffèrent*), et les homophones, qui ont une prononciation identique (par exemple, *vers*= «towards»; *ver*= «worm»; *vert*= «green»).

Ce sont les homographes qui peuvent poser des problèmes lors de la lecture. Par exemple, le mot *noyer* peut être un verbe qui veut dire «to drown» ou un substantif qui signifie «a walnut tree».

Exercice pratique

Trouvez les différents sens des homonymes suivants et dites lesquels sont des homophones ou des homographes.

président_____
foie _____
chœur _____
cuisinière_____
vaine _____
pleine_____

EXERCICES SUR LE VOCABULAIRE

1 Vocabulaire en contexte
(réponses, p. 144)

Complétez le tableau suivant en utilisant les mots de la liste ci-dessous.

plaisent   rentrer au bercail   contrées   dépaysent

Quand on voyage on voit des...
- pays
- paysages
- régions

a. _____

nouveaux(nouvelles) qui nous...
- font rêver
- émerveillent
- enchantent

b. _____

ou au contraire qui nous...
- déplaisent
- aliènent
- dégoûtent des voyages

c. _____

et on n'a qu'une envie c'est...
- rentrer chez soi
- repartir
- revenir sur ses pas
- retourner à la maison

d. _____.

2 Familles de mots
(réponses, p. 144)

Complétez le tableau suivant. Consultez le dictionnaire si c'est nécessaire.

	verbes	adjectifs/participes	noms
a.	unifier	_____	_____
b.	_____	pensé(e)	_____
c.	parler	_____	_____
d.	_____	_____	sournoiserie
e.	_____	réputé(e)	_____
f.	_____	préféré(e)	_____
g.	voir	_____	_____
h.	_____	_____	débauche
i.	nourrir	_____	_____
j.	_____	frivole	_____

neuf   LE CANADA MULTICULTUREL

exercice 3 — Synonymes et antonymes *(réponses, p. 144)*

I. Trouvez dans la colonne B les synonymes des termes de la colonne A. Mettez la lettre correspondant à votre choix dans l'espace qui vous est fourni.

A		B
1. célèbre	____	a. ami
2. meilleur	____	b. proche
3. camarade	____	c. supérieur
4. ancien	____	d. notoire
5. près	____	e. vieux

II. Trouvez dans la colonne B les antonymes des termes de la colonne A. Mettez la lettre correspondant à votre choix dans l'espace qui vous est fourni.

A		B
1. meilleur	____	a. ancien
2. proche	____	b. pareil
3. violent	____	c. pire
4. différent	____	d. lointain
5. nouveau	____	e. doux

exercice 4 — Sens et contexte *(à faire corriger)*

En vous aidant du dictionnaire, expliquez en français le sens des expressions suivantes.

a. ennemis _____

b. la première heure _____

c. insensible _____

d. voisin _____

e. un meilleur jour _____

exercice 5 — D'une langue à l'autre *(réponses, p. 144)*

Retrouvez dans le texte d'introduction la traduction française des expressions suivantes.

a. *to invade* _____

b. *cold-hearted* _____

c. *complainer* _____

d. *on top of everything* _____

e. *love story* _____

exercice 6   Après la lecture   *(réponses, p. 144)*

Dans le texte d'introduction des mots et expressions ont été soulignés et explicités dans la marge. Certains de ces mots peuvent remplir les espaces vides dans le texte qui suit. À vous de les trouver et d'en comprendre les différents contextes. Faites tout changement grammatical nécessaire.

a. – Arrête de _____ et va chercher la laisse du chien!

b. – J'en ai assez de devoir _____ ce chien tous les jours.

c. – Tu devrais être content d'avoir un animal si sympathique et inoffensif! Certains chiens sont vicieux et _____ et peuvent mordre quand on s'y attend le moins.

d. – C'est vrai que c'est un bon chien. Si quelque chose lui arrivait, ce serait pour moi une _____ énorme dont je ne me consolerais pas!

LECTURE PRINCIPALE

LE QUÉBEC ET LE CANADA: FRÈRES ET ENNEMIS

Tous ces Canadiens de part et d'autre des frontières de la province de Québec, ont-ils tous les éléments nécessaires pour porter un jugement informé les uns sur les autres?

d'un côté et de l'autre

5 Près de 60% des Québécois affirment bien connaître le reste du Canada. Seulement 40% des Canadiens pensent bien connaître le Québec. Or, seulement 18% de ces Québécois qui affirment bien connaître le Canada ont visité six autres provinces ou plus,
10 alors que 40% des Canadiens (hors Québec) en ont fait autant...

Le grand écart dans le nombre de provinces visitées s'explique simplement par la différence bien documentée de mobilité entre Québécois et Canadiens des
15 autres provinces. Ou plutôt par le fait que la zone de mobilité est beaucoup plus grande pour ces derniers. La plupart des Canadiens de langue anglaise ont des parents, des amis, des collègues d'un bout à l'autre du pays. C'est plus rarement le cas des Québécois, sauf
20 dans les régions frontalières.

split

from one end to the other

La barrière linguistique est évidemment une des causes de la mobilité réduite des Québécois, immédiatement aux prises avec une autre langue dès qu'ils sortent de leur province, alors que les Canadiens de
25 langue anglaise sont chez eux partout au Canada — même au Québec, malgré ce que l'on croit, car l'anglais se parle plus au Québec que le français dans le reste du Canada.

Mais les différences ne s'arrêtent pas à la langue. Chacune des communautés se juge, se critique, se provoque <u>sans cesse</u>. Une majorité de Canadiens du reste du Canada (58%) trouvent les Québécois hypocrites, alors que seulement 39% des Québécois leur retournent l'insulte. De même, 40% des Canadiens de langue anglaise pensent que les Québécois sont plus ou moins ignorants, alors que les <u>niveaux</u> de scolarité sont à peu près comparables. Seulement 26% des Québécois qualifient les Canadiens anglais d'ignorants, alors qu'en réalité très peu savent même que l'hymne national canadien a été écrit par deux Francophones, Calixa Lavallée et Basile Routhier.

sans arrêt

levels

Il y a aussi les vieux mythes qui perdurent: les Québécois sont hédonistes, pour ne pas dire <u>jouisseurs</u>, des bons-vivants aux joues rouges, aux épaules larges de coureurs des bois (du genre François Paradis dans *Maria Chapdelaine*). D'un autre côté les Anglais s'ennuient le dimanche, ils sont austères et <u>rabat-joie</u>, du genre biscotte de <u>régime</u> et eau tiède. Ces clichés persistent encore et ne font absolument pas état du multiculturalisme grandissant de l'ensemble du Canada, y compris du Québec.

sensualists

spoilsports
diet

Tout compte fait, Québécois et Canadiens sont-ils semblables ou différents? Près d'un Canadien sur deux admet que les Québécois sont différents. Pour comprendre l'origine de cette <u>dissemblance</u>, il faut remonter le cours de l'histoire.

dissimilarity

En effet, nulle part ailleurs que dans leurs manuels d'histoire les deux solitudes ne se distinguent-elles autant. Chez les anglophones, la Conquête a été présentée, et elle est toujours perçue, comme une «libération» pour les Canadiens français. Ces derniers ont appris, au contraire, qu'il s'agissait d'une catastrophe, voire d'une invasion suivie d'une colonisation musclée.

Dans le manuel d'histoire du Canadien anglais, le Canadien français apparaît comme un enfant <u>insouciant</u>, sympathique et bon vivant, mais immature sur le plan politique et à qui les Britanniques ont apporté la démocratie. Le Canadien français entretient dans les <u>fantasmes</u> des anglophones le mythe du «bon sauvage», et ils devraient remercier les Anglais de les avoir «civilisés».

carefree

fantasies

Cela dit, les Canadiens français avaient leur propre préjugés à l'égard des «Anglais». Dans la littérature, les médias, et la perception populaire, ces derniers étaient vus comme de vilains personnages, fondamentalement hostiles, capitalistes, dominateurs, colonialistes, et surtout totalement privés d'humour. En bref, au <u>gai luron</u> québécois s'opposait le Canadien anglais rabat-

happy fellow

80 joie. De là <u>germe</u> l'idée que les deux comparses ne font   *originates*
pas très bien la fête ensemble.
   Les deux solitudes ont cependant beaucoup évolué,
et cela grâce à l'enrichissement du multiculturalisme.
85 Au Québec, comme dans le reste du Canada, les vagues
successives d'immigration venant de toute les régions
de la planète contribuent à changer progressivement le
<u>paysage culturel</u> d'un pays qui serait peut-être en voie   *cultural landscape*
d'une harmonisation homogène, colorée, et plus
tolérante que jamais.

— *Adapté de «Les frères siamois»,*
L'actualité, *1er novembre 1998.*

EXERCICES SUR LA LECTURE

1 Synonymes et antonymes   *(réponses, p. 145)*

I. Trouvez dans la colonne B les synonymes des termes de la colonne A. Mettez la lettre correspondant à votre choix dans l'espace qui vous est fourni.

	A			*B*
1.	affirmer	____	a.	évidemment
2.	insulter	____	b.	penser
3.	origine	____	c.	injurier
4.	réfléchir	____	d.	déclarer
5.	bien sûr	____	e.	début

II. Trouvez dans la colonne B les antonymes des termes de la colonne A. Mettez la lettre correspondant à votre choix dans l'espace qui vous est fourni.

	A			*B*
1.	connaître	____	a.	dernier
2.	délicat	____	b.	large
3.	évoluer	____	c.	rustre
4.	premier	____	d.	ignorer
5.	étroit	____	e.	régresser

exercice 2 — Le mot juste *(réponses, p. 145)*

Complétez les phrases suivantes avec des mots et des expressions choisis de la liste ci-dessous.

emprise	aux prises	en manque	manquer	valve
vague	sale	propre	près	à peu près

a. – Je n'aime pas l'océan parce que j'ai peur des _____.

b. – Moi je trouve au contraire que la mer est trop calme et trop plate et qu'il lui _____ quelque chose.

c. – On voit bien que tu n'as jamais été _____ avec un océan déchaîné !

d. – Avoue quand-même que la mer est moins _____ que l'océan dont les marées puissantes aident à se débarrasser des déchets.

e. – Je ne suis pas d'accord avec toi sur ce point et je pense que les niveaux de pollution entre la mer et l'océan sont _____ comparables.

exercice 3 — Après la lecture *(réponses, p. 145)*

Dans la lecture principale, des mots et des expressions ont été soulignés et explicités dans la marge. Certains de ces termes peuvent remplir les espaces vides dans le texte qui suit. À vous de les trouver et d'en comprendre les différents contextes. Faites tout changement grammatical nécessaire.

a. Ce nouveau _____ amaigrissant me rend folle !

b. Je dois manger des _____ de blé à tous les repas et j'ai horreur de ça !

c. J'ai _____ envie de manger des pâtisseries et des sucreries et j'ai peur de ne pas pouvoir résister longtemps.

d. Existe-t-il une recette miracle qui permette de perdre du poids tout en _____ des plaisirs de la table ?

exercice 4 — Phrases à pièges *(à faire corriger)*

Corrigez les phrases suivantes pour qu'elles retrouvent un sens logique.

a. Le Québec est une province anglophone. _____

b. Les Canadiens anglais pensent que les Québécois sont très savants. _____

c. Les Québécois pensent que les anglophones sont des bons vivants. _____

d. Les niveaux de scolarité entre les anglophones et les francophones sont très différents. _____

e. Pour comprendre les differences au sein du Canada il faut interroger l'avenir.
_____

5 Vrai ou faux? *(réponses, p. 145)*

Indiquez dans l'espace qui vous est fourni si l'énoncé est vrai (V) ou faux (F).

a. Les Québécois vivent dans une île. _____

b. Les Canadiens anglais ont souvent de la famille dans tout le Canada. _____

c. Il existe beaucoup de clichés en ce qui concerne les différences entre les francophones et les anglophones. _____

d. Les paroles originales de l'hymne canadien ont été écrites par des Anglais. _____

e. Le Canada est un pays multiculturel. _____

6 Compréhension *(à faire corriger)*

Après avoir relu la lecture principale, répondez aux questions suivantes. Expliquez vos réponses.

a. Les Canadiens sont-ils vraiment capables de se juger les uns et les autres? _____
_____
_____

b. Qui se déplace le plus au Canada? Pourquoi? _____
_____
_____

c. Qu'est-ce que la «barrière linguistique»? _____
_____
_____

d. Qu'est-ce qu'un cliché? Énumérez-en quelques-uns dans le texte. _____
_____
_____

e. Expliquez le sens de l'expression «les deux solitudes». _____
_____
_____

f. Quels sont les fantasmes entretenus par les anglophones? Les francophones?
   _____
   _____

g. Qu'est-ce que le «mythe du bon sauvage» évoque pour vous? _____
   _____
   _____

h. Que signifie l'expression «rabat-joie»? _____
   _____
   _____

i. Le Canada est-il en voie de transformation? Pourquoi? _____
   _____
   _____

Partie I   Synonymes   (10 × 0.5 = 5 points)

Trouvez dans la colonne B les synonymes des termes de la colonne A. Mettez la lettre correspondant à votre choix dans l'espace qui vous est fourni.

A		B	
1. affirmer	____	a.	penser
2. barrière	____	b.	réduit
3. arrêter	____	c.	obstacle
4. réfléchir	____	d.	jouir
5. connaître	____	e.	déclarer
6. semblable	____	f.	cesser
7. bénéficier	____	g.	ailleurs
8. opposition	____	h.	pareil
9. limité	____	i.	savoir
10. autre part	____	j.	contraste

Partie II   Familles de mots   (10 × 0.5 = 5 points)

Complétez le tableau suivant.

122 PRATIQUE DE LA LECTURE

	verbes	adjectifs/participes	noms
		a. _____	solitude
	évoluer		b. _____
	c. _____	dominé	d. _____
	distinguer		e. _____
	f. _____	g. _____	conquête
	h _____		invasion
	i. _____	perçu	perception
		gai	j. _____

(5)

Partie III   Compréhension $(10 \times 2 = 20\ points)$

En vous basant sur la lecture principale de ce chapitre, choisissez l'élément qui complète le mieux le début de phrase qui vous est donné. Mettez la lettre correspondant à votre choix dans l'espace qui vous est fourni.

_____ 1. Près de 60 % des Québécois...

   a. connaissent bien le Canada.

   b. connaissent bien le Québec.

   c. pensent connaître le reste du Canada.

   d. pensent connaître le reste du Québec.

_____ 2. 40 % des Canadiens hors du Québec...

   a. connaissent bien le Québec.

   b. pensent bien connaître le Québec.

   c. pensent bien connaître le Canada.

   d. connaissent bien le Canada.

_____ 3. La plupart des Canadiens de langue anglaise...

   a. ont des amis au Québec.

   b. ont de la famille dans les autres provinces.

   c. ont des amis au Canada.

   d. ont de la famille en Ontario.

_____ 4. Les Québécois se déplacent peu car...

   a. ils ne parlent pas tous l'anglais.

   b. ils parlent le français et l'anglais.

   c. ils ne parlent pas le français.

   d. ils ne parlent ni le français ni l'anglais.

_____ 5. Dans l'ensemble les deux communautés....

   a. s'entendent à merveille.

   b. se détestent à mort.

neuf   LE CANADA MULTICULTUREL   **123**

    c. ont des préjugés l'une sur l'autre.

    d. sont très objectives l'une sur l'autre.

___ 6. Pour les anglophones, les Québécois sont…

    a. ennuyeux.

    b. mythiques.

    c. fêtards.

    d. masochistes.

___ 7. Pour les francophones, les Canadiens anglais sont…

    a. austères.

    b. bons vivants.

    c. hédonistes.

    d. sadiques.

___ 8. La Conquête est perçue…

    a. comme une défaite pour les anglophones.

    b. comme une victoire pour les francophones.

    c. comme une libération pour les autochtones.

    d. différemment pour les deux communautés francophone et anglophone.

___ 9. Dans les fantasmes du Canadien anglais, le Québécois symbolise…

    a. le mythe de Maria Chapdelaine.

    b. le mythe du bon sauvage.

    c. le mythe du vilain personnage.

    d. le mythe du mauvais colonialiste.

___ 10. Pour les Québécois, le Canadien anglais représente…

    a. la littérature.

    b. les média.

    c. la domination coloniale.

    d. l'humour noir.

Partie IV   Travaux sur texte

A Le mot juste   (10 × 1 = 10 points)

Dans le texte suivant, des espaces ont été laissés vides. Trouvez dans la liste ci-dessous les mots qui peuvent compléter le texte. Faites tout changement grammatical nécessaire.

| pavé | littérature | écrivain | friand | voisin |
| chicane | sympathique | récompenser | pourtant | inoubliable |

124 PRATIQUE DE LA LECTURE

LA CULTURE CANADIENNE

Le Canada n'est pas seulement un pays de (1) _____ et de mauvaise entente linguistique. C'est aussi un pays culturellement très riche et dont la production (2) _____, cinématographique et musicale s'exporte pluôt bien, malgré la domination évidente de son (3) _____ américain.

Personne n'a oublié, par exemple, le succès de *The English Patient*, film réalisé par un Britannique, produit par un Américain, (4) _____ royalement aux Oscars et qui (5) _____ vient bien du Canada, c'est-à-dire de l'(6) _____ torontois Michael Ondaatje.

D'autres Canadiens ont depuis longtemps tenus le haut du (7) _____ à Hollywood, tels que David Cronenberg, David Sutherland, William Shatner, et même plus récemment Jason Priestley, le (8) _____ héros de 90210.

L'Europe est également (9) _____ de films canadiens, surtout depuis le succès phénoménal de l'(10) _____ *La chute de l'empire américain* du Québécois Denys Arcand.

B Mots superflus *(10 × 0.5 = 5 points)*

Dans le texte qui suit, des mots qui ne sont pas nécessaires ont été rajoutés. Soulignez les dix mots superflus.

LA CULTURE CANADIENNE *(suite)*

La littérature canadienne s'impose s'importe aussi de plus en plus en Europe et aux États-Unis. Chez les anglophones, Margaret Atwood, Alice Munro, Robertson Davies et beaucoup d'autres encore sont lus tutu dans le monde entier et reçoivent des prix prestigieux.

Chez les francophones, c'est surtout le Québec qui produit, avec bien sûr les classiques ballets comme Gabrielle Roy et Louis Hémon, mais aussi les plus récents comme Jacques Poulin, Anne Hébert, Michel Tremblay, etc.

Côté jardin musique, l'inévitable dommage Céline Dion réussit l'exploit d'imposer une voix canadienne sur la scène mondiale, et si elle ne chante parle que très peu en français aux États-Unis, au moins a-t-elle un nom francophone qui rappelle oublie inévitablement ses origines québécoises. Mais d'autres chanteuses canadiennes, comme Ginette Reno, Diane Dufresne ou encore Shania Twain, n'ont rien à envier à Céline, du moins en ce qui concerne le talent argent.

L'influence des Canadiens se ressent sens partout, et actuellement, c'est Luc Plamondon, le réalisateur de *Starmania*, entre autres choses, qui fait l'événement avènement à Paris et dans le monde entier avec une nouvelle comédie musicale qui joue à guichets fermés: *Notre Dame de Paris*.

C Compréhension de texte *(5 × 1 = 5 points)*

Après avoir fait les exercices A et B, vous pouvez reconstituer le texte précédent avec ses deux parties. Répondez alors au questionnaire à choix multiples. Mettez la lettre correspondant à votre choix dans l'espace qui vous est fourni.

_____ 1. Le Canada est un pays...

  a. de chicane.

  b. de mauvaise entente linguistique.

  c. inculte.

  d. riche culturellement.

_____ 2. *The English Patient* est un film...

   a. britannique.

   b. américain.

   c. canadien.

   d. français.

_____ 3. Michael Ondaatje est...

   a. un écrivain canadien.

   b. un écrivain québécois.

   c. un cinéaste canadien.

   d. un cinéaste américain.

_____ 4. Les écrivains canadiens sont...

   a. détestés en Europe.

   b. lus dans le monde entier.

   c. lus seulement aux États-Unis.

   d. détestés au Canada.

_____ 5. Céline Dion chante...

   a. seulement en anglais.

   b. seulement en français.

   c. seulement sur le Titanic.

   d. surtout en anglais.

(réponses, p. 145)

Résultat du test
$$\frac{\_\_}{50} \times 2 \frac{\_\_}{100}$$

dix

LA PEUR DU SEXE

PRISE DE CONSCIENCE

1. Pensez-vous que les relations amoureuses, sexuelles ou non, sont différentes aujourd'hui par rapport à celles de la génération qui vous précède?
2. Le sexe est-il dangereux? Pourquoi?
3. Pensez-vous souvent au sida? Est-ce une menace réelle pour vous ou croyez-vous pouvoir l'éviter facilement?

TEXTE D'INTRODUCTION

L'AMOUR AU TEMPS DU SIDA

Depuis toujours, l'amour a fait couler de l'<u>encre</u>: <u>l'amour courtois</u>, le romantisme, l'amour libre… Mais aujourd'hui l'amour fait peur. L'amour est devenu un tueur sournois qui se cache derrière les visages les plus ravissants, les plus insoupçonnables. Personne n'est <u>à l'abri</u> du plus grand mal d'amour de tous les temps: le sida.

L'amour au temps du sida est plus dangereux qu'au temps du choléra car il tue à coup sûr. Bien sûr, l'espérance de vie a augmenté depuis l'apparition du virus il y a maintenant plus de 20 ans. Cependant, <u>même si</u> certains séropositifs peuvent vivre encore quelques 10 ou 15 ans de sursis, la mort est sûre de les rattraper un jour.

Et quelle mort cruelle et douloureuse que d'<u>agoniser</u> lentement mais sûrement des multiples infections que génère l'impardonnable maladie! La sexualité doit être aujourd'hui prudente, sinon les amants risquent de payer de leur vie leur <u>moment d'égarement</u>. Le prix est bien lourd pour une activité que beaucoup prennent trop souvent à la légère et qui est devenue un acte grave, <u>auquel</u> il faut désormais réfléchir. Alors en amour, comme pour beaucoup d'autres pratiques à risques, le <u>ton</u> n'est plus celui de la <u>déraison</u> mais de la responsabilité. Le temps des passions folles et insouciantes n'est cependant pas révolu, mais il est plus fatal que jamais.

ink; courtly love

protégé

even if

to be dying

moment of passion

upon which

tone; folly

VOCABULAIRE DE BASE

Le sida est une maladie virale transmissible par...
- relations sexuelles
- échange de seringues contaminées
- transfusion sanguine
- greffe d'organe
- lait maternel

Pour se protéger du sida il faut...
- utiliser des préservatifs pendant chaque rapport sexuel
- utiliser des seringues neuves
- tester et dépister les donneurs de sang et d'organes
- être sûre d'être séronégative avant d'allaiter

STRATÉGIE DE LECTURE

LES PRÉFIXES

On peut souvent deviner le sens de certains mots selon leurs préfixes. Ainsi le préfixe *re-* comme dans *refaire* ou «*rewrite*» signifie, en français et en anglais, la répétition. Le préfixe *anti-* signifie l'opposition dans les deux langues. Vous pouvez trouver le sens de la plupart des préfixes dans le dictionnaire *Robert Méthodique*.

Exercice pratique

1. Que signifient les préfixes suivants?

   dé-_____

   ex-_____

   télé-_____

   auto-_____

   in-_____

2. Cherchez des mots formés avec des préfixes dans le texte d'introduction.

EXERCICES SUR LE VOCABULAIRE

1 Vocabulaire en contexte (réponses, p. 145)

Complétez le tableau suivant en utilisant les mots et expressions de la liste ci-dessous:

un fils ou une fille   malheureux   l'amour filial   la haine

Des sentiments tels que...
- l'amour
- l'amitié
- la fraternité/sororité
- l'amour maternel/paternel

a. _____

se partagent avec...
- un(e) amant(e)
- un(e) ami(e)
- un frère ou une sœur
- un père ou une mère

b. _____

mais quand l'amour va mal c'est...
- la dispute
- la brouille
- la rupture
- la rancune

c. _____

et alors les gens deviennent...
- amers
- rancuniers
- ennemis
- haineux

d. _____.

exercice 2 Familles de mots (réponses, p. 145)

Complétez le tableau suivant. Consultez le dictionnaire si c'est nécessaire.

	verbes	adjectifs/participes	noms
a.	aimer	_____	_____
b.	_____	devenu(e)	
c.	_____	_____	tueur
d.	_____	_____	abri
e.	ravir	_____	_____
f.	_____	soupçonné(e)	_____
g.	espérer	_____	_____
h.	_____	_____	apparition
i.	_____	_____	vie
j.	_____	rattrapé(e)	_____

3 Synonymes et antonymes *(réponses, p. 145)*

I. Trouvez dans la colonne B les synonymes des termes de la colonne A. Mettez la lettre correspondant à votre choix dans l'espace qui vous est fourni.

	A			*B*	
1.	espérer	____	a.	augmenter
2.	sûr	____	b.	lentement
3.	croître	____	c.	produire
4.	souvent	____	d.	certain
5.	énormément	____	e.	souhaiter
6.	débourser	____	f.	fréquemment
7.	générer	____	g.	beaucoup
8.	doucement	____	h.	payer

II. Trouvez dans la colonne B les antonymes des termes de la colonne A. Mettez la lettre correspondant à votre choix dans l'espace qui vous est fourni.

	A			*B*	
1.	vie	____	a.	cruel
2.	sournois	____	b.	espérer
3.	lourd	____	c.	mort
4.	indulgent	____	d.	égarer
5.	désespérer	____	e.	franc
6.	trouver	____	f.	léger
7.	prudence	____	g.	multiple
8.	simple	____	h.	imprudence

4 D'une langue a l'autre *(réponses, p. 145)*

Retrouvez dans le texte d'introduction la traduction française des expressions suivantes.

a. *lightly* _____

b. *more than ever* _____

c. *life expectancy* _____

d. *unforgivable* _____

e. *too often* _____

exercice 5 — Après la lecture

(réponses, p.145)

Dans le texte d'introduction des mots et des expressions ont été soulignés et explicités dans la marge. Certains de ces mots complètent les espaces vides dans le texte qui suit. À vous de les retrouver et d'en comprendre leurs différents contextes. Faites tout changement grammatical nécessaire.

a. – Jacques est un ami fidèle _____ je dois tout.

b. La politesse et la _____ sont des vertus de plus en plus rares.

c. – Ne me parle pas sur ce _____ !

d. Je n'ai plus d' _____ dans mon stylo.

exercice 6 — Sens et contexte

(à faire corriger)

En vous aidant du dictionnaire, expliquez en français le sens des expressions suivantes.

a. être à l'abri _____

b. rattraper _____

c. être révolu _____

d. faire peur _____

LECTURE PRINCIPALE

LA PEUR DU SEXE

Une des choses les plus difficiles à comprendre <u>à propos</u> de la révolution sexuelle, pour ceux qui ne l'ont pas vécue, c'est que les bouleversements culturels de cette époque étaient <u>porteurs d'espoir</u>. La crise du sida a
5 aboli tout cela, l'espoir a cédé le pas à l'angoisse, la peur du sexe.

    Ce sentiment de crainte ne <u>touche</u> pas que le sexe. On boit de l'eau embouteillée, on mange faible en gras, on fait de l'exercice, on a peur des vaches surtout
10 quand elles semblent <u>perdre la raison</u>, et tout cela parce que les gens au pouvoir ont vieilli et qu'ils sont obsédés par le danger. <u>En gros</u>, les baby-boomers craignent tout: de la séropositivité au cholestérol, en passant par le cancer du poumon et la crise cardiaque.

15   Les jeunes ne sont pas plus optimistes, et surtout pas moins paranoïaques. La peur du viol secoue la plupart des campus nord-américains. Dans certaines universités des <u>militantes</u> féministes <u>sont allées jusqu'à</u>

au sujet

sources of hope

concerne

devenir folles

broadly speaking

activists; went so far as to

demander que soient rasés tous les arbres et arbustes sous prétexte que chaque buisson peut cacher un violeur (là, on risque le manque sérieux d'oxygène et la pollution, mais que voulez-vous, on ne peut pas tout avoir). Le *date rape* est devenu une véritable épidémie; sortir avec un garçon apparaît aujourd'hui comme quelque chose d'éminemment dangereux. Pour les étudiantes nord-américaines, le rendez-vous banal de deux jeunes est considéré comme le prélude à un film d'horreur. C'est une nouvelle obsession qui a culminé avec le code de conduite adopté par Antioch University, dans l'Ohio. Selon ce code imposé aux étudiants, le jeune homme doit obtenir le consentement verbal de sa partenaire à toutes les étapes de la relation sexuelle, du déboutonnage jusqu'à la pénétration. Rien de moins torride que tout cela!

Selon — *d'après*
déboutonnage — *undressing*

Or, ce discours féministe qui aborde les rapports homme/femme seulement en termes de violence n'est pas sans conséquences et se révèle parfois à double tranchant. Quand on suggère aux jeunes femmes qu'elles ont été violées chaque fois qu'elles ont pris un verre de trop ou qu'elles se sont laissées aller à une aventure qu'elles regrettent le lendemain, on adopte une stratégie dangereuse qui les déresponsabilise. On les traite comme des créatures fragiles, incapables de dire non et à la merci de tous les hommes. Et ça, c'est mauvais pour tout le monde, homme ou femme.

à double tranchant — *double-edged*
pris un verre de trop — *had one glass too many*

Il y a dix ans, avoir des aventures amoureuses, c'était comme voyager. Au fil des rencontres on découvrait de nouveaux paysages, de nouvelles cultures, on expérimentait, on se cherchait. Aujourd'hui, ce genre de comportement est perçu comme irresponsable, et il est vrai qu'il y a danger de mort en ce qui concerne le sida, toujours lui. Chaque rencontre peut cacher le virus tel un serpent dans le sein du ou de la partenaire. Cela n'est pas à prendre à la légère.

Au fil — *au cours*

Cependant, aux États-Unis, les règles du *safe sex* vont beaucoup plus loin que le simple encouragement à porter le condom. Et elles sont en train de se substituer aux anciens codes moraux. Quand un dépliant de l'Association des collèges américains prévient ses étudiants qu'avoir des relations sexuelles est dangereux parce qu'on court le risque de faire confiance à l'autre et de perdre le contrôle, on déborde de l'objectif de la prévention du sida. On tente de mettre de l'ordre là où règne l'anarchie. Mais il est vrai que l'irresponsabilité est aussi une épidémie qui se propage en même temps que son comparse de virus.

en train de — *in the process of*
déborde — *to go beyond the bounds*
comparse — *associate*

On vit à la fois avec l'héritage et les contrecoups de la révolution sexuelle. D'un côté, l'idéal d'une totale liberté. De l'autre, le besoin de se raccrocher à certaines

70 | valeurs afin de se protéger d'un danger réel. On en vient presque à être amers et jaloux de cette génération de baba-cools et de leurs joyeuses galipettes, alors que nous devons nous <u>serrer la ceinture</u> en matière de petit <u>câlins</u> coquins.

to tighten one's belt; cuddles

— Adapté de «La peur du sexe» de Marie-Claude Bourdon, dans Châtelaine, avril 1998.

EXERCICES SUR LA LECTURE

1 Synonymes   *(réponses, p. 145)*

Trouvez dans la colonne B des synonymes aux termes de la colonne A. Mettez la lettre correspondant à votre choix dans l'espace qui vous est fourni.

A		B
1. difficile	____	a. crainte
2. abolir	____	b. toucher
3. peur	____	c. pouvoir
4. éminemment	____	d. éradiquer
5. imposer	____	e. banal
6. consentir	____	f. très
7. quelconque	____	g. forcer
8. palper	____	h. entrer
9. puissance	____	i. dur
10. pénétrer	____	j. accepter

2 Le mot juste   *(réponses, p. 145)*

Complétez les phrases suivantes avec des mots ou des expressions choisis de la liste qui suit. Faites tout changement grammatical nécessaire.

déborder   céder le pas   après-coup   aborder
laisser faire   secouer   contrecoup   laisser aller

a. – J'aime le moment dans cette histoire de pirates où on _____ le bateaux!

b. Il ne faut pas se _____ à ne rien faire car on peut vite devenir paresseux.

c. Dans un restaurant français, ne _____ pas votre serviette car votre pain est peut-être dedans!

d. Quand on n'est pas trop pressé il vaut mieux _____ à ceux qui le sont et continuer de se promener tranquillement.

e. Après un accident de voiture, même sans gravité, il arrive souvent que l'on en ressente le _____ pendant plusieurs mois.

3 Familles de mots (réponses, p. 145)

Complétez le tableau suivant. Consultez le dictionnaire si c'est nécessaire.

	verbes	adjectifs/participes	noms
a.	angoisser	_____	_____
b.	_____	_____	crainte
c.	boire	_____	_____
d.	_____	perdu(e)	_____
e.	_____	rasé(e)	_____
f.	_____	_____	déboutonnage
g.	percevoir	_____	_____
h.	_____	prévenu(e)	_____

4 Moulin à phrases (à faire corriger)

Faites des phrases (d'au moins dix mots) illustrant les sens des termes suivants.

a. irresponsabilité _____

b. anarchie _____

c. se propager _____

d. en gros _____

e. en passant par _____

5 Après la lecture (réponses, p. 145)

Dans la lecture principale, des mots et des expressions ont été soulignés et explicités dans la marge. Certains de ces mots et expressions peuvent remplir les espaces vides dans le texte qui suit. À vous de les reconnaître et d'en comprendre les différents contextes. Faites tout changement grammatical nécessaire.

a. – _____ ce que dit cette carte nous devrions prendre le chemin de droite.

b. Rien n'est plus agréable que d'être dans une barque qui vogue _____ de l'eau par un bel après-midi d'été.

c. Dans cette boutique on vend des cosmétiques _____ , ce qui est très avantageux pour ceux et celles qui en consomment beaucoup!

d. Il faut toujours _____ de sécurité à bord d'un véhicule rapide.

exercice 6 Vrai ou faux? *(réponses, p. 145)*

Indiquez dans l'espace qui vous est fourni si l'énoncé est vrai (V) ou faux (F).

a. Les baby-boomers sont plus jeunes que les baba-cools. _____

b. Le sida est une maladie liée au cholestérol. _____

c. Les féministes de certains campus américains ont fait raser les buissons car ils pourraient cacher un violeur. _____

d. Selon le code d'Antioch University il faut demander la permission à sa partenaire avant d'avoir des rapports sexuels. _____

e. Il y a dix ans, il fallait voyager pour avoir des aventures amoureuses. _____

exercice 7 Compréhension *(à faire corriger)*

Après avoir relu la lecture principale, répondez aux questions suivantes. Expliquez votre réponse.

a. Pourquoi la révolution sexuelle n'est-elle pas perçue de la même manière par ceux qui ne l'ont pas vécue? _____

b. De quoi a-t-on peur aujourd'hui? _____

c. Que craignent les militantes féministes de certains campus américains? _____

d. Expliquez pourquoi le rendez-vous de deux jeunes gens est considéré comme le prélude à un film d'horreur. _____

e. En quoi consiste le code de conduite d'Antioch University? _____

f. Qu'est-ce qu'un consentement verbal? _____
_____
_____

g. Définissez ce que le texte qualifie de «stratégie dangereuse». _____
_____
_____

h. Quel est le danger de considérer les femmes comme des «créatures fragiles»? ____
_____
_____

i. Comment étaient les relations amoureuses il y a dix ans? _____
_____
_____

j. Que dit le dépliant de l'Association des collèges américains? _____
_____
_____

Partie I   Familles de mots   *(10 × 0.5 = 5 points)*

Complétez le tableau suivant.

verbes	adjectifs/participes	noms
a. _____		pollution
	b. _____	oxygène
c. _____		volonté
	dangereux(-euse)	d. _____
culminer		e. _____
	f. _____	horreur
violer		g. _____
h. _____	banal(e)	banalité
regretter		i. _____
	irresponsable	j. _____

Partie II   Synonymes   *(10 × 0.5 = 5 points)*

Trouvez dans la colonne B des synonymes aux termes de la colonne A. Mettez la lettre correspondant à votre choix dans l'espace qui vous est fourni.

	A			B
1.	peur	——	a.	angoisse
2.	raison	——	b.	pouvoir
3.	vieux	——	c.	perdre
4.	anxiété	——	d.	sagesse
5.	exercice	——	e.	prélude
6.	puissance	——	f.	comportement
7.	nouveau	——	g.	activité
8.	égarer	——	h.	âgé
9.	début	——	i.	neuf
10.	conduite	——	j.	crainte

Partie III   Compréhension   (10 × 2 = 20 points)

En vous basant sur la lecture principale de ce chapitre, choisissez l'élément qui complète le mieux le début de phrase qui vous est donné. Mettez la letttre correspondant à votre choix dans l'espace qui vous est fourni.

_____ 1. La révolution sexuelle était porteuse de...

    a. l'angoisse.

    b. le sida.

    c. la peur de sexe.

    d. l'espoir.

_____ 2. La crise du sida a...

    a. facilité les rapports sexuels.

    b. endigué la révolution sexuelle.

    c. provoqué une nouvelle révolution sexuelle.

    d. apporté de l'espoir aux baby-boomers.

_____ 3. Les gens qui sont au pouvoir ont...

    a. vieilli.

    b. rajeuni.

    c. plus d'espoir.

    d. moins d'angoisse.

_____ 4. On mange faible en gras...

    a. pour ne pas attraper le sida.

    b. pour avoir du cholestérol.

    c. à cause de la pollution.

    d. pour éviter le cholestérol.

_____ 5. Les jeunes sont...

    a. aussi pessimistes que leurs aînés.

b. plus optimistes que leurs aînés.

c. moins pessimistes que leurs aînés.

d. aussi pleins d'espoir que leurs aînés.

_____ 6. Dans certains campus américains on a rasé les arbustes car...

a. ils pouvaient cacher des féministes.

b. ils pouvaient cacher des viols.

c. ils pouvaient cacher des violeurs.

d. ils polluaient le campus.

_____ 7. Le consentement verbal consiste à...

a. demander la permission pour aller aux toilettes.

b. demander la permission à sa partenaire avant des rapports sexuels.

c. demander la permission à sa partenaire pour commencer à manger.

d. demander la permission de sa partenaire pour la violer.

_____ 8. Se déboutonner c'est...

a. se dévêtir.

b. avoir la varicelle.

c. s'habiller avec des boutons.

d. se déshabiller chez le docteur.

_____ 9. Aux États-Unis, les règles du *safe sex* préconisent...

a. le port du chapeau.

b. le port du consentement verbal.

c. le port du préservatif.

d. le port du condominium.

_____ 10. Les baba-cools sont...

a. des jaloux.

b. des galipettes.

c. la génération qui a connu la révolution sexuelle.

d. la génération avant celle des baby-boomers.

Partie IV   Travaux sur texte

A Le mot juste   *(10 × 1 = 10 points)*

Dans le texte suivant, des espaces ont été laissés vides. Trouvez dans la liste ci-dessous les mots qui peuvent compléter le texte. Faites tout changement grammatical nécessaire.

| concurrence | sein | quitter | équitable | deuxième |
| attacher | entière | néfaste | système | ravir |

LA VIE DE COUPLE

Vivre à deux n'est pas toujours aussi facile qu'on le croit. Il faut, pour bien s'entendre, répartir (1)_____ les tâches ménagères. S'(2)_____ à des traditions dépassées qui veulent que la place des femmes soit encore dans la cuisine, est tout à fait (3)_____ pour les couples d'aujourd'hui. Les jeunes papas réclament même le droit de changer les couches comme un privilège que les mamans sont (4)_____ de leur accorder.

Le prétendu pouvoir des femmes au (5)_____ du foyer était un prétexte pour les empêcher de (6)_____ la maison et d'entrer en (7)_____ avec les hommes dans le monde du travail. Le couple du (8)_____ millénaire est plus équilibré qu'avant car il est composé de deux personnes à parts (9)_____ , et non d'un chef de famille et de sa maisonnée qui ressemblait beaucoup au (10)_____ maître/serviteur.

B Mots superflus   *(10 × 0.5 = 5 points)*

Dans le texte suivant, des mots qui ne sont pas nécessaires ont été rajoutés. Soulignez les dix mots superflus.

LA VIE DE COUPLE (suite)

Les tâches ménagères telles que le balayage doré, le repassage écrasé, la lessive tiède et la cuisine sont en réalité bien ingrates gratte, car à peine sont-ils achevées qu'il faut tout recommencer le lendemain. Longtemps, et encore sûrement doucement aujourd'hui, les femmes au foyer travaillaient énormément sans être rénumérées numérotées, et bien souvent sans être appréciées par le reste de la maisonnée qui pourtant bénéficiait de son labeur beurré.

Grâce à leur nouvelle participation loterie à la vie domestique, les hommes comprennent mieux la nature du double emploi que constitue l'entretien d'une maison et l'éducation des enfants.

Bien sûr, beaucoup d'hommes résistent encore aux changements. Mais ces hommes-là ci-dessous ne méritent pas que les femmes perdent leur temps passé avec eux.

C Compréhension de texte   *(5 × 1 = 5 points)*

Après avoir fait les exercices A et B, vous pouvez reconstituer le texte précédent avec ses deux parties. Répondez alors au questionnaire à choix multiples. Mettez la lettre correspondant à votre choix dans l'espace qui vous est fourni.

_____ 1. Vivre à deux est...

   a. très facile.

   b. plus difficile qu'on le croit.

   c. moins difficile qu'on le croit.

   d. très difficile.

_____ 2. Le rôle de la femme au foyer est une tradition...

   a. qui a du bon.

   b. privilégiée.

   c. démodée.

   d. nouvelle.

_____ 3. Le nouveau couple est...

   a. plus équilibré.

   b. moins équilibré.

   c. en équilibre.

   d. déséquilibré.

_____ 4. Les tâches ménagères sont...

   a. gratifiantes.

   b. reposantes.

   c. amusantes.

   d. ingrates.

_____ 5. Les hommes qui refusent de partager les travaux domestiques sont...

   a. à rechercher.

   b. recherchés par la police.

   c. à éviter.

   d. à inviter.

(5)

(réponses, p. 145)

Résultat du test
__ × 2 __
50   100

Réponses

AUX EXERCICES

Chapitre 1
[La famille]

Exercices sur le vocabulaire
1. a. célibataire
   b. la vie à deux
   c. se dispute
   d. le divorce
2. a. enviable, envie
   b. sacrifice
   c. unir, union
   d. séparer, séparation
   e. liaison
   f. entourer
   g. (se) marier
   h. évoluer, évolution
   i. créatif(-ve), création
   j. aimer, amoureux (-euse)
3. I. 1 e; 2 d; 3 a; 4 b; 5 c
   II. 1 b; 2 e; 3 d; 4 a; 5 c
4. à faire corriger
5. à faire corriger
6. a. noyaux
   b. foyer
   c. est entouré
   d. scènes de ménage

Exercices sur la lecture
1. 1 d; 2 e; 3 f; 4 a; 5 g; 6 i; 7 b; 8 c; 9 j; 10 h
2. a. trouble
   b. étendre
   c. porte plutôt bien
   d. occupation
   e. cœur
3. à faire corriger
4. a. vacarme
   b. premier plan
   c. effondré
   d. décombres
5. faire corriger
6. à faire corriger

Test
I. a. querelle
   b. libérer
   c. libéral(e)/libertin(e)
   d. épouser
   e. entourer
   f. entourage
   g. séparé(e)
   h. séparation
   i. union
   j. sacrifier
II. 1 d; 2 e; 3 f; 4 a; 5 g; 6 b; 7 i; 8 c; 9 j; 10 h
III. 1 b; 2 d; 3 d; 4 b; 5 d; 6 b; 7 a; 8 c; 9 d; 10 c
IV. A. marié, libres, parenté, vert, pas, barres, couchers, deux, mauvais, séparé
   B. 1 artiste
      2 enfant
      3 énergie
      4 lutter
      5 diurne
      6 égocentrique
      7 travers
      8 sources
      9 évoluer
      10 religion
   C. 1 c; 2 d; 3 b; 4 d; 5 b

Chapitre 2
[Les jurés]

Exercices sur le vocabulaire
1. a. un vol
   b. soupçonné
   c. au tribunal
   d. des jurés
2. a. agresser, agressif(-ve)
   b. criminel(le)
   c. nommé(e)/nomination
   d. suspecter, suspicion/suspect(e)
   e. solliciter, sollicitation
   f. hériter
   g. jugement, juge
   h. appel
   i. témoigner
   j. coupable/culpabilité
3. I.a. stationnée
   b. contravention
   c. libéré
   d. criminel
   e. feuilleton
   II.a. passionnent
   b. innocent
   c. peu connu
   d. souvent
   e. illégal
4. à faire corriger
5. a. avocat
   b. témoin
   c. devoir
   d. procès
   e. appel
6. a. feuilleton
   b. soustraction
   c. appareil
   d. appel

Exercices sur la lecture
1. 1 d; 2 e; 3 g; 4 h; 5 j; 6 b; 7 i; 8 c; 9 f; 10 a
2. a. meurtres
   b. repas
   c. avocat
   d. ennuis
   e. déranger
3. a. traumatisme
   b. accompagnement
   c. déplacement
   d. aération
   e. preuve
   f. destin/destinée
   g. ignorance
   h. valeur
   i. humiliation
   j. tentation
4. à faire corriger
5. a. F;
   b. V;
   c. F;
   d. F;

e. V
6. a. valorisante
   b. impose
   c. allure
   d. fardeau
7. à faire corriger

Test

I. a. suspecter
    b. héritage/héritier(-ière)
    c. innocenter
    d. innocent(e)/innocence
    e. témoigner
    f. preuve
    g. légaliser
    h. légalisation/légalité
    i. choix
    j. séquestration
II. 1 h; 2 d; 3 j; 4 b; 5 a; 6 i; 7 c; 8 e; 9 f; 10 g
III. 1 a; 2 d; 3 c; 4 b; 5 d; 6 a; 7 c; 8 b; 9 c; 10 b
IV. A. 1 citoyens
        2 tribunal
        3 crime
        4 reconnaître
        5 témoignage
        6 procès
        7 pénible
        8 jurés
        9 fois
        10 heures
    B. dollars, faux, égal diététiques, mal, perdu, au téléphone, guerrier, loup, antiquité
    C. 1 c; 2 d; 3 b; 4 d; 5 d

Chapitre 3
[Les parents et les enfants]

Exercices sur le vocabulaire

1. a. inexpérimenté
    b. étourderies
    c. sermonner
    d. canalisé
2. a. discipliné(e)/disciplinaire, discipline
    b. gifler, giflé(e)
    c. durer, dureté
    d. élevé(e), élévation
    e. priver, privation
    f. punir, puni(e)/punitif(-ve)
    g. méchanceté
    h. action/acte
    i. enfermer
    j. apporter, apporté(e)
3. I. 1 e ; 2 c ; 3 a ; 4 b ; 5 d
    II. 1 d ; 2 e ; 3 b ; 4 a ; 5 c

4. a. privée
    b. nocif
    c. corvées
    d. à tout bout de champ
5. à faire corriger
6. à faire corriger

Exercices sur la lecture

1. 1 g ; 2 e ; 3 f ; 4 b ; 5 a ; 6 i ; 7 c ; 8 j ; 9 d ; 10 h
2. a. revient à dire
    b. mettre en évidence
    c. adopter
    d. méritaient
    e. se dépêcher
    f. empêche
3. à faire corriger
4. a. ouvrages
    b. croyances
    c. met en valeur
    d. débarqué
    e. faille
5. a. F ; b. V ; c. V ; d. F ; e. F
6. à faire corriger

Test

I. a. choix
    b. inspirer
    c. inspiration
    d. refus
    e. identifier
    f. identifié(e)
    g. faible
    h. goûter
    i. goûté(e)
    j. illustration
II. 1 g ; 2 j ; 3 h ; 4 a ; 5 c ; 6 i ; 7 b ; 8 e ; 9 f ; 10 d
III. 1 c ; 2 a ; 3 d ; 4 b ; 5 c ; 6 b ; 7 a ; 8 c ; 9 d ; 10 a
IV. A. négligeable, insolent, assaillir, poubelle, campagne, foule, carré, lien, pressant, bonbon
    B. 1 décline
        2 chers
        3 lie
        4 voyages
        5 durer
        6 date
        7 voisinage
        8 entretenue
        9 brouillent
        10 fréquentent
    C. 1 b ; 2 d ; 3 a ; 4 c ; 5 d

Chapitre 4
[Les sectes]

Exercices sur le vocabulaire

1. a. les sectes
    b. recrutent

    c. disciples
    d. exploiter
2. I. 1 d ; 2 e ; 3 a ; 4 h ; 5 b ; 6 g ; 7 c ; 8 f
    II. 1 c ; 2 d ; 3 e ; 4 b ; 5 g ; 6 a ; 7 h ; 8 f
3. a. menaçant(e), menace
    b. déprimer, déprime/dépression
    c. reconnu(e)/reconnaissant(e), reconnaissance
    d. abandonner, abandonné(e)
    e. espérer
    f. divinité
    g. raisonné(e)/raisonnable, raison
    h. guérir, guérison
    i. ruinée, ruine
    j. trompée(e)/trompeur(-euse)
4. a. se sentir mieux
    b. reprendre espoir
    c. avoir toujours raison
    d. tirer profit de
    e. dire la vérité
5. a. attire
    b. entraîner
    c. désespérant
    d. ne/que
6. à faire corriger

Exercices sur la lecture

1. 1 d; 2 g; 3 f; 4 h; 5 b; 6 i; 7 j; 8 e; 9 a; 10 c
2. a. fascine
    b. vagues
    c. principes
    d. gens
    e. façade
3. à faire corriger
4. b. accueil
    c. dissimulé
    d. installer à votre compte
    e. impuissante
5. à faire corriger
6. à faire corriger
7. à faire corriger

Test

I. a. menacer
    b. menacé(e)/menaçant(e)
    c. guérir
    d. reconnaître
    e. reconnaissance
    f. divin(e)
    g. ruiner
    h. fragile
    i. fragilité
    j. abriter
II. 1 c; 2 d; 3 g; 4 f; 5 b; 6 a; 7 i; 8 e; 9 j; 10 h
III. 1 a; 2 c; 3 c; 4 d; 5 b; 6 a; 7 c; 8 c; 9 d; 10 b
IV. A.   1 entraîné

2 mal
3 peau
4 rupture
5 homme
6 escroqué
7 rencontré
8 proposé
9 intéressait
10 chèque
B. moins, heureux, bon, amical, jamais, franc, argenté, mauvaise, vendre
C. 1 b; 2 d; 3 a; 4 c; 5 d

Chapitre 5
[L'éducation]

Exercices sur le vocabulaire
1. a. peindre
   b. tuteur
   c. université
   d. éducation physique
2. a. introduit(e), introduction
   b. lier, lien
   c. établir, établi(e)
   d. électriser, électricité
   e. coupé(e), coupe/coupure
   f. trouver, trouvé(e)
   g. adapté(e), adaptation
   h. subventionner, subvention
   i. équiper, équipé(e)
3. I. 1 c; 2 d; 3 e; 4 a; 5 b
   II. 1 e; 2 c; 3 d; 4 a; 5 b
4. a. fournitures
   b. introduire
   c. coupe
   d. rajouter
5. à faire corriger
6. à faire corriger

Exercices sur la lecture
1. 1 d; 2 c; 3 e; 4 b; 5 a
2. a. gaspiller
   b. à peu près
   c. enseigner
   d. auparavant
   e. branché
3. à faire corriger
4. a. se concentrer
   b. se perdre
   c. le soutien
   d. le but
   e. l'écriture manuelle
5. a. apprivoiser
   b. buts
   c. trier
   d. miroiter
6. a. F; b. V; c. V; d. F; e. F
7. à faire corriger

Test
I. 1 f; 2 d; 3 e; 4 a; 5 g; 6 b; 7 c; 8 j; 9 h; 10 i
II. a. imagination
   b. rouvaille
   c. conduire
   d. triage/tri
   e. différencier
   f. du(e)
   g. écriture
   h. remis(e)
   i. crayon
   j. appareiller
III. 1 d; 2 d; 3 b; 4 c; 5 a; 6 c; 7 c; 8 c; 9 a; 10 c
IV. A. 1 lire
   2 importantes
   3 apprentissage
   4 étape
   5 reconnaître
   6 histoire
   7 possibilités
   8 bande
   9 imagination
   10 adulte
B. comptes, d'eau, grands, laide, le grillon, poulet, en juillet, pompier, contraire, parisienne
C. 1 c; 2 d; 3 a; 4 b; 5 c

Chapitre 6
[La santé et l'environnement]

Exercices sur le vocabulaire
1. a. les tornades
   b. freinées
   c. la déforestation
   d. faisait plus d'écologie
2. a. polluer, pollué(e)/polluant(e)
   b. envoyé(e), envoi
   c. âgé(e)
   d. agoniser, agonie
   e. coûteux(-euse), coût
   f. utiliser, utilité/utilisation
   g. agir
   h. explosé(e), explosion
   i. voir, vision
   j. prouver, prouvé(e)
3. I. 1 c; 2 d; 3 a; 4 e; 5 b
   II. 1 d; 2 e; 3 a; 4 b; 5 c
4. a. pertinent
   b. faire la leçon
   c. à quel point
   d. peut-être
   e. peu à peu
5. a. ailleurs
   b. né
   c. soi-disant
   d. voire

Exercices sur la lecture
1. 1 d; 2 f; 3 h; 4 g; 5 a; 6 c; 7 e; 8 b; 9 j; 10 i
2. a. machouiller
   b. l'écoute
   c. ennuie
   d. affronter
   e. dérouler
3. à faire corriger
4. a. tableau
   b. récoltes
   c. fait état
   d. grand-chose
5. a. F; b. V; c. V; d. F; e. F
6. à faire corriger

Test
I. 1 f; 2 c; 3 h; 4 i; 5 a; 6 e; 7 j; 8 b; 9 d; 10 g
II. a. modérer
   b. modéré(e)
   c. panique
   d. mourir
   e. mort/mortalité
   f. accidenté(e)/accidentel(le)
   g. folie
   h. impressionner
   i. mollesse
   j. inquiéter
III. 1 c; 2 b; 3 a; 4 c; 5 a; 6 d; 7 b; 8 a; 9 c; 10 c
IV. A. purgatif; absentes; bonheur; mûre
   billets; passives
   note; solaire
   conception
   de faveur
B. 1 corrige
   2 secondaire
   3 saignements
   4 règles
   5 enceinte
   6 retard
   7 main
   8 auxilliaire
   9 plein
   10 chance
C. 1 b; 2 a; 3 d; 4 a; 5 d

Chapitre 7
[Le chômage]

Exercices sur le vocabulaire
1. a. études
   b. un curriculum vitæ
   c. un boulot
   d. gagner sa vie
   e. chômeur
2. a. manier/manuel
   b. installer, installation
   c. renouvellé(e), renouvellement
   d. (no verb) rapidité

    e. sacrifier, sacrifiée
    f. reposé(e)/reposant(e), repos
    g. qualifier, qualification
    h. (no verb) difficile
    i. appris(e)/apprentissage
    j. équilibrer, équilibré(e)
3. I. 1 j.; 2 d; 3 f; 4 h; 5 b; 6 a; 7 c; 8 e; 9 g; 10 i
    II. 1 f; 2 e; 3 g; 4 b; 5 j; 6 c; 7 a; 8 i; 9 d; 10 h
4. a. licencié
    b. débrouiller
    c. démarches
    d. sombre
5. à faire corriger
6. a. passer un concours
    b. entretien d'embauche
    c. se débrouiller
    d. le marché du travail
    e. rester à domicile

Exercises sur la lecture
1. 1 c; 2 e; 3 a; 4 b; 5 d
2. a. chemise
    b. croise
    c. libre
    d. merveilleux
    e. encore
3. 1 d; 2 f; 3 h; 4 a; 5 g; 6 i; 7 b; 8 j; 9 e; 10 c
4. à faire corriger
5. a. décor
    b. livrer
    c. outils
    d. mettent pas mal à l'aise
6. à faire corriger
7. a. F;
    b. V;
    c. F;
    d. V;
    e. F
8. à faire corriger

Test
I. a. travailleur(-euse)
    b. travail
    c. difficile
    d. chômeur(-euse)
    e. apprendre
    f. sacrifice
    g. garantir
    h. garantie
    i. expérience
    j. stressé(e)
II. 1 f; 2 d; 3 i; 4 a; 5 g; 6 j; 7 c; 8 e; 9 b; 10 h
III. 1 b; 2 a; 3 c; 4 d; 5 c; 6 b; 7 d; 8 a; 9 c; 10 b
IV. A. 1 emploi
        2 licencié
        3 patron
        4 chômage
        5 rester

        6 temps
        7 avenir
        8 chercher
        9 offres
        10 condition
    B. nuit, rouges, mal, papier, maquillage, président, gare, pourquoi, égal, échec
    C. 1 c; 2 b; 3 b; 4 d; 5 a

Chapitre 8
[Le dictionnaire & la langue française]

Exercices sur le vocabulaire
1. a. communiquer
    b. bilingue
    c. d'orthographe
    d. chercher une expression
2. a. parlé(e), parole
    b. écriture, écrivain(e)
    c. orthographier
    d. prononcer, prononcé(e)/ prononçable
    e. vrai(e)
    f. faciliter, facilité
    g. pénaliser, pénalité/ pénalisation
    h. apprendre
    i. grammatical(e)
    j. difficile
3. a. origine
    b. corriger
    c. éviter
    d. contexte
    e. bilingue
4. a. l'orthographe
    b. racines
    c. lapsus
    d. contresens
5. à faire corriger
6. à faire corriger

Exercices sur la lecture
1. 1 f; 2 d; 3 i; 4 a; 5 j; 6 h; 7 b; 8 e; 9 c; 10 g
2. a. envahi
    b. croustillantes
    c. quotidien
    d. inondation
    e. demeure
3. à faire corriger
4. a. fêter
    b. arrêt
    c. lutte
    d. autant
5. a. F; b. F; c V; d. F; e. V
6. à faire corriger

Test
I. a. éditer
    b. exprimé(e)/exprimable
    c. expression
    d. écrire
    e. écriture/écrivain(e)
    f. grammaire
    g. apprendre
    h. prononcer
    i. essai/eaasyage
    j. parler
II. 1 j; 2 f; 3 e; 4 h; 5 g; 6 b; 7 i; 8 c; 9 a; 10 d
III. 1 b; 2 d; 3 b; 4 a; 5 d; 6 b; 7 c ; 8 d ; 9 b; 10 d
IV. A. 1 a paru
        2 contenait
        3 texte
        4 volumes
        5 éditeur
        6 conçu
        7 lecteur
        8 ordinateur
        9 orthographe
        10 notation
    B. lave-vaisselle, à vapeur, en gros, fin, deux, oublier, bravo, forcé, les chiens, bleu
    C. 1 b; 2 d; 3 c; 4 a; 5c

Chapitre 9
[Le Canada multiculturel]

Exercices sur le vocabulaire
1. a. des contrées
    b. plaisent
    c. dépaysent
    d. rentrer au bercail
2. a. unifié(e), unification
    b. penser, pensée
    c. parlé(e), parole
    d. sournois(e)
    e. réputation
    f. préférer, préférence
    g. vu(e), vue
    h. débaucher, débauché(e)
    i. nourri(e), nourriture
    j. frivolité
3. I. 1 d; 2 c; 3 a; 4 e; 5 b
    II. 1 c; 2 d; 3 e; 4 b; 5 a
4. à faire corriger
5. a. envahir
    b. froid
    c. râleur
    d. par-dessus le marché
    e. une histoire d'amour
6. a. râler
    b. promener
    c. sournois
    d. perte

Exercices sur la lecture
1. I. 1 d; 2 c; 3 e; 4 b; 5 a
   II. 1 d; 2 c; 3 e; 4 a; 5 b
2. a. vagues
   b. manque
   c. aux prises
   d. sale
   e. à peu près
3. a. régime
   b. germes
   c. sans cesse
   d. jouissant
4. à faire corriger
5. a. F; b. V; c. V; d. F; e. V
6. à faire corriger

Test
I. 1 e; 2 c; 3 f; 4 a; 5 i; 6 h; 7 d; 8 j; 9 b; 10; g
II. a. seul(e)/solitaire
   b. évolution
   c. dominer
   d. domination
   e. distinction
   f. conquérir
   g. conquis(e)/conquérant(e)
   h. envahir
   i. percevoir
   j. gaîté
III. 1 c; 2 b; 3 b; 4 a; 5 c; 6 c; 7 a; 8 d; 9 b; 10 c
IV. A. 1 chicane
      2 littéraire
      3 voisin
      4 récompensé
      5 pourtant
      6 écrivain
      7 pavé
      8 sympathique
      9 friande
      10 inoubliable
   B. s'importe; tutu; ballets; jardin; dommage; parle; oublie; argent; sens; avènement
   C. 1 d; 2 b; 3 a; 4 b; 5 d

Chapitre 10
[La peur du sexe]

Exercices sur le vocabulaire
1. a. l'amour filial
   b. un fils ou une fille
   c. la haine
   d. malheureux
2. a. aimé(e), amour/amitié
   b. devenir
   c. tuer, tué(e)
   d. abriter, abrité(e)
   e. ravi(e)/ravissant(e), ravissement
   f. soupçonner, soupçon
   g. espéré(e), espoir
   h. apparaître, apparu(e)
   i. vivre, vécu(e)/vif (vive)/vivant(e)
   j. rattraper, rattrapage
3. I. 1 e; 2 d; 3 a; 4 f; 5 g; 6 h; 7 c; 8 b
   II. 1 c; 2 e; 3 f; 4 a; 5 b; 6 d; 7 h; 8 g
4. a. à la légère
   b. plus que jamais
   c. l'espérance de vie
   d. impardonnable
   e. trop souvent
5. a. auquel
   b. courtoisie
   c. ton
   d. encre
6. à faire corriger

Exercices sur la lecture
1. 1 i; 2 d; 3 a; 4 f; 5 g; 6 j; 7 e; 8 b; 9 c; 10 h
2. a. aborde
   b. laisser aller
   c. secouez
   d. céder le pas
   e. contrecoup
3. a. angoissé(e), angoisse
   b. craindre, craint(e)/craintif(-ve)
   c. bu(e), boisson
   d. perdre, perte
   e. raser, rasage/rasoir
   f. déboutonner, déboutonné(e)
   g. perçu(e), perception
   h. prévenir, prévention
4. à faire corriger
5. a. selon
   b. au fil
   c. en gros
   d. serrer sa ceinture
6. a. F;
   b. F;
   c. V;
   d. V;
   e. F
7. à faire corriger

Test
I. a. polluer
   b. oxygéné(e)
   c. vouloir
   d. danger
   e. culmination
   f. horrible
   g. viol
   h. banaliser
   i. regret
   j. irresponsabilité
II. 1 j; 2 d; 3 h; 4 a; 5 g; 6 b; 7 i; 8 c; 9 e; 10 f
III. 1 d; 2 b; 3 a; 4 d; 5 a; 6 c; 7 b; 8 a; 9 c; 10 c
IV. A. 1 équitablement
      2 attacher
      3 néfaste
      4 ravies
      5 sein
      6 quitter
      7 concurrence
      8 deuxième
      9 entières
      10 système
   B. doré; écrasé; tiède; gratte; doucement; numérotées; beurré; loterie; ci-dessous; passé
   C. 1 b; 2 c. 3 a; 4 d; 5 c